오풍연의 행복론

도서출판 혜민

삶 자체가 문학이다

나는 매일 글을 쓴다. 새벽 2~3시쯤 일어나 하루를 시작한다. 일어나자마자 사과 한 개를 깎아 먹고, 봉지 커피를 마신다. 그리고 글을 쓴다. 날마다 똑같다. 주말이나 휴일도 없다. 1년 365일 글을 쓴다고 할까. 그냥 내가 사는 얘기를 글로 옮기고 있다.

그것도 글이냐고 반문하는 사람들도 있다. 일상을 글로 적고 있어서다. 때문에 소재 역시 거창하지 않다. 누구나 겪고 있는 일들을 글로 나타낼 뿐이다. 나는 그것을 문학이라고 한다. 오풍연에게는 삶 자체가 문학인 셈이다. 주변의 일들이 바로 소재다.

내 글은 무척 짧다. 500자 안팎이다. 요즘 쇼츠가 유행하 듯 글도 짧아야 한다는 게 내 생각이다. 그럼에도 메시지는 있어야 한다. 서술은 누구나 할 수 있다. 메시지가 없으면 글의 생명력도 짧아진다. 나는 짧은 글 속에 메시지를 담으려고 노력한다. 생명력 있는 글을 남기기 위해.

내 좌우명은 정직이다. 거짓을 싫어한다. 또 투명한 사회를 추구한다. 그러려면 바보처럼 살아야 한다. 나는 바보라는 소리가 가장 좋다. 바보 오풍연. 이렇게 불러준다면 땡큐다. 바보는 꾀를 부리지 않는다. 나는 '바보당'을 만든 적도 있다. 60년생 동갑내기끼리 맑은 삶을 살자고 의기투합 했던 것.

취미라면 사람 만나기와 걷기. 사람을 진짜 좋아한다. 내가 먼저 등을 돌리는 일도 없다. 따라서 배신은 나와 거리가 멀다. 내가 만든 페이스북 그룹인 오풍연구소도 그렇다. 회원은 1300명. 전국 150여개 시군에 살고 있다. 이들과 어울려 지내고 있다.

아내의 몸이 좋지 않다. "또 책을 내느냐"고 한마디 한다. 이번이 15번째 책이다. 책은 자기 만족이다. 한 분이라도 읽어준다면 영광이겠다. 성원 부탁드린다.

오풍연

지성으로 여는 우리시대의 위안

공병영 | 글로벌 사이버대 총장

한국교직원공제회 오풍연 이사님의 열 다섯번째 책자 발간을 진심으로 축하드립니다.

'행복론'이라는 제목에서만 보면, 무거운 내용으로 추측이 됩니다. 그러나 제가 아는 저자는 거창한 '이론'을 다루기보다는 평소 그가 사는 일상을 독자들과 이야기하듯 '행복론'을 나눌 것으로 보입니다.

저자와의 인연은 이십여년 전으로 거슬러 올라가 김대중정부시절 대통령비서실에서 시작되었습니다. 저는 행정관으로 근무했고, 저자는 출입기자단 간사를 맡았습니다. 당시에는 직접 만나지는 못했지만, 그 후 우연히 만나 수년간 멋진 인연을 이어가고 있습니다.

제가 바라본 저자의 가장 존경스러운 점은 '정직과 성실'입니다. 저자는 수십 년간 매일 새벽 일찍 일어나 글을 쓰고 걷는 '성실'함을 보여줍니다. 칼럼을 거의 매일 쓰는데도 불구하고 짧으면서도 신선하고 생명력이 있습니다.

또 매사 소탈한 삶을 살면서 '정직'을 가장 강조하고, 또 이를 실제 삶 속에서 그대로 실천해 주위에 모범을 보이고 있습니다. 제가 아는 사람 중 대한민국에서 가장 대표적으로 '성실과 정직'을 실천하는 사람입니다. 아마 본 책자의 주요 내용도 그런 흐름 속에서 이어지지 않을까 생각합니다.

이제 '정직과 성실'로 무장한 저자가 말하는 '행복론'으로 눈을 돌려봅시다. 행복은 우리 모두가 원하는 것입니다. 그러나 행복을 어떻게 찾을 수 있을까요? 사실 행복이란 각자의 삶에서 찾을 수 있는 것입니다. 행복은 그리 먼 곳에 있지 않습니다.

벤 허친슨은 "행복은 모든 사람들에게 적용할 일률적인 기준이 없다"고 했습니다. 특히, 나이가 들어 중년에 이르면 자기 나름의 행복 기준이 필요합니다. 다른 사람과 견줄 필요도 없고 일률적일 이유도 없습니다. '어제보다 더 나아진 나'를 기준으로 삼는 것이 좋겠지요.

어제보다 더 나아지기를 바라는 것은 무엇인지, 그 목표와 기준점은 무엇인지를 고민하면서 이 책을 읽으시길 바랍니다. 저자가 살아온 삶을 읽으면 고민에 대한 답을 조금이라도 얻을 수 있으리라 생각합니다. 이 책은 독자들이 행복을 찾을 수 있도록 혜안을 던져 줄 것입니다.

저는 평소에 "감사하면 행복이, 비교하면 불행이 온다"고 확신하고 있습니다. 저자처럼 늘 '성실과 정직'을 실천하면서, 감사하는 마음을 가지면 저절로 행복이 찾아올 것입니다. 그런 내용들이 책자 구석구석에 녹아있을 것입니다.

마지막으로 책자를 발간하면서 추천사를 부탁하신 오풍연 이사님께 감사드리며, 좋은 책자 발간을 축하드립니다.

충만한 성실·진솔함… 65년 현대사 그려

김종환 | 6223포럼 수석부회장 겸 독도의병대 총사령

'오풍연행복론' 저자의 열다섯 번째 저서에 추천사를 써달라는 영광스러운 요청에 울산어부가 흔쾌히 수락을 했습니다. 60년생 갑장 친구인 저자는 지금까지 열네 권이나 되는 저서를 집필하였으며, 한국의 명사들이 유료 구독하는 오풍연칼럼을 하루도 빠짐없이 날마다 영혼을 담은 투철한 기자정신으로 삼천육백사십일곱 번째(3647) 칼럼을 쓴 대저술가입니다.

저자는 고 김대중 대통령 시절 서울신문 대기자로 청와대 출입기자 간사를 하여서 대한민국 VIP들의 진면목과 시국을 누구보다 잘 아는 한국의 시사평론가입니다. 이런 대기자의 저서에 추천사를 쓰는 게 어부가 과히 영광스럽기도 하거니와 큰 부담도 느낍니다.

대개의 저자는 자기가 아는 한 유명인사 추천사를 받는 게 통상적이고 저자의 이력이면 한국 최고의 유명인사들 추천사를 받고도 남음이 있거늘 신분과 수준을 뛰어넘어 어부 친구에게 파격적으로 추천사를 써달라는 용기가 남다르며 이 책의 시작이 벌써 감동입니다.

우선 저자는 오랜 병석에 있는 아내에 대한 지극한 사랑으로 퇴근 후 아내의 침대 옆에서 책을 읽으며 아내의 작은 불편함도 놓치지 않고 세심하게 케어하여 부인을 감동시킨 인간 오풍연의 사랑을 통한 행복은 우리의 존경심을 저절로 우러나게 하는 진정으로 따뜻한 남자의 표상입니다.

울산에서 남기고 간 저자의 행복찾기 한 토막을 소개하면 "무엇이든지 익숙해지면 그것이 주는 행복을 모르고 산다. 같이 걷는 것과 밥 먹는 것 같이 사는 것. 가장 가까이 있는 그 사람을 더 존중하고 더욱 사랑해라. 이 세상에 당연한 거란 없다. 살아있을 때 잘해라!" 그의 말은 참 가슴에 남는 '생활 행복론'입니다.

그는 저녁 9시에 자고 늦어도 새벽 1시에 일어나서 한강 산책을 하며 오풍연 의자에서 이른 새벽 철학을 하며 한국의 새벽을 여는 칼럼을 수십 년째 쓰는 칼럼니스트로 그는 펄펄 살아있는 '시대정신'입니다. 40대 상무·전무 50대 사장과 은퇴라는 '7080시대'에 60년생으로 드물게 교직원공제회 이사로 재직하고 계시니 우리시대의 부러움입니다. 저자의 모토인 정직과 평생 변함없는 성실 그리고 열정의 인생이 '오풍연행복론'이 쓰이는 기본으로 녹아있을 테니 오풍연행복론은 우리가 행복을 찾아가는 이정표가 되고 이 시대를 살아가는 우리 모두의 귀감이 되리라 믿습니다.

우리시대 영웅의 운명은 애환 극복의 역사이듯이 오풍연 이사가 살아온 삶은 급변하는 한국의 역사와 그 속에서 치열하게 살아야 했던 1960년생으로 그의 궤적은 한국의 근현대사 65년의 산증인입니다. 저자 오풍연의 얼굴은 웃는 상입니다. 그의 웃음은 백만 불짜리이며 그의 웃음은 긍정으로 사람을 사랑하는 행복에너지로 만들어졌으니 이 책 오풍연행복론은 사랑으로 충만한 성실과 진솔함으로 당신의 일상생활 속에서 소소한 행복을 찾아가는 이정표가 되리라 여기며 저자의 친구로서 감히 일독을 권합니다. 2023년 12월 첫날 새벽에…

일상에 수놓는 아름다운 사람들의 연가(戀歌)

성보석 | 백세재활요양원 원장

새벽 여섯시에 핸드폰 벨이 울립니다. 서울 오풍연 형님입니다. 전화를 받으려고 잠에서 깹니다. 받자마자 "형님 잘 주무셨어요?" 합니다. 전화한 사람은 형님인데 인사는 제가 먼저 합니다.

오풍연 형님과 만난 지 3년이 넘었네요. 오풍연 형님은 품격 있는 신사이십니다. 형님과 많은 대화를 나누며 지내다 보니 저도 조금씩 품격이 생기는 것 같습니다. 제가 페이스북에 쓰는 '성보석의 세상 사는 이야기'도 형님의 영향을 받았습니다. "형님 이렇게 쓰면 될까요" 여쭸더니 "잘 썼네, 있는 대로 그냥 쓰면 되는 거지 뭐" 딱 그러시더라고요. 문장력이 좋지 않아 글 쓰는 게 겁이 났는데 형님이 잘 썼다 하시니 용기가 생겨서 자신 있게 쓰는 겁니다.

형님은 모두가 본받아야 할 최고의 남편이십니다. 최근에 형수님이 넘어져서 어깨가 골절되어 깁스를 했답니다. 한 손을 못 쓰니 화장실 이용이 가장 불편해졌는데 옷을 내려주고 올려주고를 형님이 직접 해주신다고 해서 정말 놀랐습니다. "역시 세상에 단 한 사람뿐인 오풍연 형님입니다." 제가 그랬습니다.

저도 좋은 남편 소리 들어보고 싶어서 형님따라 하는 중입니다. 제가 자상하게 변해가고 있어서 좋은지 아내가 지인들에게 제가 많이 달라졌다고 말한답니다. 형님 덕입니다. 형님이 책을 내시는데 저보고 추천사를 쓰라고 하셔서 엉겁결에 하겠다고 대답하고 3일 동안 끙끙 앓았습니다.

독후감이나 감상문 한번 제대로 써본 적 없는 제가 오풍연 형님의 책에 추천사를 쓰다니요.

이 글은 추천사가 아닙니다. '성보석과 오풍연의 세상 사는 이야기'입니다. 독자 분들께 부탁이 있습니다. 이 책을 많은 분들이 읽어주시면 좋겠습니다. 주위 분들께 추천해주세요. 감기 조심하세요!

목차

| 가족

아, 어머니! ····· 28
명품에 대해 ····· 29
나의 꿈 ····· 30
동네 맛집들 ····· 31
내 고향 보령 ····· 32
애경사 챙기기 ····· 33
5남매 모임 ····· 34
집안 망신 ····· 35
단풍놀이 ····· 36
며느리 타령 ····· 37
내 집이 최고다 ····· 38
바비큐 파티 ····· 39
먹는 데는 아끼지 말자 ····· 40
돈 돈 돈 ····· 41
잊고 싶은 기억 ····· 42
만 60은 무덤 ····· 43
초심을 잃지 말자 ····· 44
새벽 단상 ····· 45
김장 김치 ····· 46
옷이 날개 ····· 47
나도 꼰대? ····· 48

치매 ································· 49

결혼기념일 ································· 50

사촌 동생의 죽음 ································· 51

사촌 동생 문상을 마치고 ································· 52

한 달에 얼마면 적정할까 ································· 53

결혼 36주년 ································· 54

인생무상 ································· 55

이희호 여사와 로잘린 카터 ································· 56

부자지간 ································· 57

아들의 꿈 ································· 58

목차

▍친구

좋은 후배들	62
단골 식당	64
목포별곡	65
행복	67
여백회	68
홍보석 짬뽕	69
쌀도, 단감도 얻어먹다	70
오성호 회장님	71
심준형 친구	72
결혼 축의금	73
인향만리	74
강남 나들이	75
오풍연구소	76
맛난 점심	77
울산 김종환 친구	78
특별한 초대	79
울산에서 새벽을	80
출산이 곧 애국이다	81
오풍연이 만난 사람들	82
오풍연 칼럼방 회원들	83
평생 잘나갈 수는 없다	84

오라는 데가 많지만	85
오오회	86
고려대 해병대 호남향우회	87
친구의 완쾌를 빌며	88
노익장	89
황당한 청첩장	90
선물	91
명퇴	92
회장님 기다리고 있습니다	93
초등 반창회	94
예전 형님으로 돌아왔네요	95
그리운 분들	96
마침내 15번째 책 작업에 나서며	97
멋진 아우	98
페이스북을 3년간 중단한 이유	99
지인들은 내년에나	100
영원한 강자는 없다	101
빈말	102
70년대생 전성시대	103
구경회 형님	104

목차

오풍연행복론

나작가 ········· 109
사과 예찬 ········· 110
손흥민, 한국 축구 역사를 쓰다 ········· 111
자존심 ········· 112
공한증(恐韓症) ········· 113
유해란, LPGA서 첫 승을 거두다 ········· 114
현대기아차 미국서 더 팔린다는데 ········· 116
신유빈 마침내 금메달 목에 걸었다 ········· 118
강신호 권노갑 이길여 ········· 120
마당발 ········· 121
고려대 OB ········· 122
우린 언제 노벨상 타나 ········· 123
질투 ········· 125
은메달 우상혁, 그래도 잘했다 ········· 126
골프 지진아 ········· 128
한국 축구·야구는 강했다 ········· 129
라면 ········· 130
이스라엘·하마스 전쟁 ········· 132
정몽구·의선 부자의 양궁 사랑 ········· 133
극단적 선택 ········· 134
또 극단적 선택 ········· 135

연봉	136
임영웅 효과	137
최태원의 동거녀	138
의대 지상주의	139
출판 기념회	140
이선균마저	141
오풍연 칼럼	142
아이폰이 뭐길래	143
첫사랑	145
아빠 찬스	146
선출직	148
오풍연 칼럼 1만개	149
오풍연의 세상만사	150
골프	151
뷔페 20만원	152
호떡	154
배짱	155
서울	156
봉지 커피	157
가을 야구	158
노소영을 응원하는 이유	159

목차

오풍연행복론

유료 구독자 1000만 시대 연 뉴욕타임스 ········· 160
LG 우승 ··· 161
왜 죽어 ··· 163
공짜가 최고 ···································· 164
브로커 ··· 165
오풍연의 행복론 ······························ 166
5000원의 행복 ································· 167
초빙교수 시절 ································· 168
소비자는 즐거워 ······························ 170
한국 라면 ······································ 171
공한증2 ·· 172
서울은 딴 세상 ································ 173
칼국수 ··· 174
블랙핑크 ······································ 175
기록을 세운 날 ································ 176
책은 돈 주고 사야 ····························· 177
유종지미 ······································ 178
도 넘은 청첩장 ································ 179
가는 날이 장날이라더니 ····················· 180
도대체 몇 시간 잡니까 ······················· 181
골프는 내년 4월에나 ························· 182

교직원공제회 오풍연 이사의 '행복론' ·············· 183
메모하는 습관을 길러라 ·············· 184
베스트셀러 ·············· 185
우리도 무인 계산대 없어질까 ·············· 186
커피 마니아 ·············· 187
뉴진스를 어떻게 알아요 ·············· 188
동네 이발관 ·············· 189
보신탕 ·············· 190
정책·자문위원 ·············· 191
기업 도덕 선생 ·············· 192
애경사 챙기기 ·············· 193
부산 엑스포 ·············· 194
추천사 ·············· 195
금의환향 ·············· 196
대기업 임원 ·············· 197
오풍연의 행복론 1호 독자는? ·············· 198
11월을 보내며 ·············· 199
구내식당 ·············· 200
선주문 ·············· 201
대전고 동기들 ·············· 202
나이 앞에 장사 없어 ·············· 203

목차

책 좀 봅시다

책에는 짠 놈 ·································· 207
대전 박범정 노무사 ······················· 208
건물 한 채 삽시다 ························· 209
나는 행복한 사람 ··························· 210
오풍연의 행복론 ···························· 211
책이 나온다니 ································ 212
설렘 ··· 213
정치를 했더라면 ···························· 214
도덕성 ··· 215
막말 ··· 216
4000개, 대단하네요 ······················ 217
자동차 정기 검사 ··························· 218
오피스텔만 하나 있으면 OK ········ 219
최태원과 노소영 ···························· 220
서울신문 동기들 ···························· 221
100만부의 꿈 ································· 222
목포 성보석, 용인 지용진 ············ 223
정치 후원금 ···································· 224
이강인 대표팀 발탁 ······················· 225
세계 최고 갑부 ······························· 226
개나 소나 ·· 227

오풍연구소 어른들	228
아이유 티켓 파워	229
아내와 함께 여의도공원을	230
사람 냄새	231
베스트셀러	232
형제자매	233
참 언론인	234
3김 시대는 끝났다	235
사람은 신세를 갚을 줄 알아야	236
설레는 이 밤	237
이재용 정의선 정용진	238
바보 오풍연	239
한국의 아이돌	240
새벽의 밀어	241
출판기념회도 하라는데	242
대구·경북, 광주·전남	243
김신영 자리에 남희석	244
비비의 밤양갱을 들어보니	245
부모님을 자주 찾아뵈어라	246
대세는 유튜브	247
신 여사, 오래 삽시다	248

목차

책 좀 봅시다

대학 동기	249
배보다 배꼽이 더 커서야	250
처제의 5박6일 체류	251
기자 오풍연, 작가 오풍연	252
쌀보다 고기	253
최고의 출간기념회	254
세상 뜻대로 안 돼	255
쿠팡 천하	256
장편(掌篇) 에세이	257
나훈아 은퇴	258
부영그룹 이중근 회장	259
좋은 직장 1위 종로, 2위 영등포	260
자기 밥이나 열심히 사	261
내 다음 꿈은 작은 도서관장	262
정직 성실 겸손 도전 실천	263
나 정도면 했다가	264
4000번째 칼럼을 쓰며	265
초심	266

 가족

아, 어머니!

세종에 내려가는 KTX 열차 안이다. 용산역서 42분 걸리는 것으로 나온다. 참 좋은 세상이다. 용케도 표를 끊었다. 형님댁으로 간다. 남동생도 세종에 함께 산다. 우리 남자 형제는 셋이다. 조금 있으면 이야기꽃을 피울 터. 형제는 언제 만나도 좋다. 부모님 중 한 분만 살아계셔도 더 좋을 텐데. 늘 아쉬움이 남는다. 아버지는 1975년, 어머니는 2008년 각각 돌아가셨다.

다들 그렇겠지만 특히 어머니가 보고 싶다. 아버지가 돌아가신 뒤 어머니는 우리 5남매를 키우느라 정말 고생 많이 하셨다. 늘 헌신적이다. 자식들을 위해 힘한 일도 마다하지 않았다. 우리 다섯 남매가 가장 존경하는 분으로 어머니를 꼽는 이유이기도 하다. 우리는 지금 우애 있게 잘 지낸다. 주변에서 부러워할 정도다.

어머니가 돌아가시기 전 둘째인 나에게 한 말이 있다. "둘째는 술만 끊어라. 그럼 큰 일을 할 것이다." 술 때문에 속상하게 한 적이 많았다는 얘기다. 실제로 술을 많이 마셨다. 2015년 2월부턴 완전히 끊었지만. 지금 살아계시면 얼마나 좋아하실까. 64살 나이에 좋은 곳에서 일하고 있기 때문이다. 그렇다. 부모는 기다려주지 않는다. 살아계실 때 잘 보살펴드려야 한다. 모두 명심하자.

명품에 대해

명품을 찾는 사람들이 많다. 과시욕도 한몫할 터. 남과 차별화를 위해서다. 물론 품질도 좋다. 명품을 찾는 이유일 게다. 명품은 희소성도 있다. 그리고 디자인도 특이하다. 수량도 관리한다고 한다. 무작정 찍어내지 않는다는 뜻이다. 그러다 보니 짝퉁도 많다. 중국 사람들의 명품 사랑은 유별나다. 세계 최고 소비국이 중국. 우리나라도 그에 못지않은 것 같다.

명품은 20~30대 전유물이 아니다. 시골 할머니들도 명품 백을 들고 다닌다. 자식들이 선물해서 그럴 것으로 본다. 1000만원이 넘는 핸드백도 많다. 그걸 들고 다니면 뭐가 다를까. 하긴 북한 고위층도 고가의 핸드백을 들고 다니는 모습을 종종 본다. 주민들은 굶주린다고 하는데 명품 사랑 때문일까. 김정은도 마찬가지다. 버젓이 몽블랑 만년필을 사용하고, 수억 원대 시계를 찬 모습을 볼 수 있다.

나도 이른바 명품이 하나 있기는 하다. 2~3년 전쯤 H자 로고가 새겨진 남자 벨트를 선물받은 적이 있다. 준 분도 선물받은 것을 주었다. 나는 벨트가 여러 개 있어 아들에게 주었다. 그런데 사이즈가 커 아들이 도로 주었다. 그 벨트는 나에게도 컸다. 구멍을 뚫어야 했다. 그래서 AS를 받으려고 백화점에 들렀다. 구입한 지 2년이 안 지나면 바꿔줄 수 있는데 2년이 지나 대신 구멍을 뚫어 주었다. 가격을 물어보았다. 140만 원쯤 했다. 에르메스 벨트였다. 지금 하고 다닌다. 그렇다면 나도 명품족(?). 내가 살 리는 없다. 과소비는 바람직하지 않다.

나의 꿈

예전부터 해오던 말이 있다. 퇴직 후에는 서귀포나 춘천에 가 살고 싶다고. 그러나 이 바람은 이뤄질 수 없게 됐다. 아내의 건강이 좋지 않아서다. 시골 생활도 부부가 건강해야 가능하다. 몸이 아프면 대도시에 사는 게 좋다. 무슨 일이 생기면 곧장 병원으로 갈 수 있기 때문이다. 그래서 춘천·서귀포 꿈은 접었다.

3년 뒤에는 무엇을 할까. 내 임기는 2026년 7월 9일까지다. 누구는 농담 삼아 이런 말도 한다. "보령시장이 어떠냐"고. 할 수만 있다면 마다할 일이 아니다. 하지만 나에게 그런 기회가 올 수 없다는 것도 잘 안다. 보령이 고향이지만 기여한 바가 없는 탓이다. 작은 꿈이 있기는 하다. 구청에서 운영하는 도서관이 있다면 그곳의 관장을 하고 싶다. 만약 공모를 한다면 지원할 생각도 없지 않다.

나는 책을 보고 글을 쓰는 게 취미다. 도서관장 일이라면 충분히 소화해 낼 수 있을 것도 같다. 도서관 청소도 직접 하고. 사실 나이 들면 할 수 있는 일이 별로 없다. 눈높이를 낮춰 할 수 있는 일을 찾아보아야 한다. 꿈은 낮을수록 좋다. 그래야 실현 가능성이 높아진다. 도서관장에 대한 내 꿈이 이뤄질까.

동네 맛집들

영등포 당산동 주민이 된 지 30년 넘었다. 1993년 2월 이사 와 지금까지 살고 있다. 서울 한 아파트에서 우리처럼 오래 사는 사람도 드물 것이다. 그러다 보니 재테크도 못 했다. 월급쟁이는 집을 옮겨 다니면서 재산을 증식한다. 우리는 그런 생각을 해보지 않았다. 나도, 아내도, 장모님도 똑같았다. 지금 사는 아파트가 좋은 점은 있다. 무엇보다 교통이 최고다. 영등포구청역에서 200m 안팎이다. 영등포구청역은 지하철 2호선과 5호선이 지나간다.

아울러 편의시설도 완벽하리만큼 좋다. 아파트 후문으로 나가면 식당·커피숍이 즐비하다. 영등포구청이 바로 이웃에 있기 때문이다. 최근 옥소반이라는 샤브샤브 집이 문을 열었다. 아들 녀석이 한번 가보자고 해 어제 저녁 때 들렀다. 체인점이었다. 야채는 무한 리필. 가격도 비교적 저렴했다. 새로 개업해 인테리어도 깨끗하다. 점수를 매기자면 95점. 아파트 길 건너 짜글이 집도 맛집이다. 추석 연휴 기간 중 한 번 들렀는데 맛이 있어 오늘 또 왔다. 고기반, 김치 반이다. 가게 이름은 지리산 짜글이회무침이다.

맛집을 찾아보면 있다. 그동안 유명 집만 찾아 다녔다. 동네 맛집 등을 놔두고 돌아다닌 셈이다. 가까이 있는데도 말이다. 복먹고복받고 집은 오랫동안 단골로 이용 중이다. 집 근처에 복집, 샤브샤브집, 짜글이집이 있어 선택의 폭이 넓다. 맛집을 찾아 다니는 것도 큰 기쁨이다.

내 고향 보령

고향이 있다는 것도 축복이다. 서울에서 태어난 사람들은 명절이 돼도 갈 데가 없다며 부러워한다. 시골 출신이 좋은 이유이기도 하다. 내 고향은 충남 보령. 청라면이 내가 태어난 곳이다. 대천 해수욕장과 반대 방향이다. 청양·홍성·부여군과 경계를 이루고 있다. 나는 청라 초등학교를 5학년까지 다니다 대전으로 전학을 갔다. 대전에서는 고등학교까지 마쳤다.

우리 동네는 라원리 상중마을. 보성 오씨 집성촌이다. 모두 5개 부락이 있는데 두 개는 보성 오씨, 3개는 평산 신씨가 모여 살고 있다. 이제는 고향을 다 떠났다. 가까운 친척은 한 명도 없다. 어머니 아버지를 모신 선영만 있다. 그래서 고향에 내려가도 성묘만 한 뒤 바로 올라온다. 고향에 집은 물론 땅 한 평도 없다. 조금 아쉽기는 하다. 아주 한적한 동네다. 제법 큰 산인 오서산과 성주산이 있다. 옛날에는 광산이 있었다. 지금은 폐광을 했다. 전형적인 농촌이다.

나는 보령시장이 꿈이라고 한 적이 있다. 하지만 그 꿈을 이룰 가능성은 없다. 지방 자치 단체장은 지역서 활동을 해야 유리하다. 내가 지역을 위해 한 일이 없기 때문이다. 그곳서 태어나 초등학교 5학년 다닌 게 전부라고 할 수 있다. 고향 사랑은 남 못지않다. 고향을 위해서라면 무슨 일이든지 하고 싶다. 그것 역시 희망사항이다.

애경사 챙기기

사람노릇 하는 게 쉽지 않다. 이곳저곳 인사치레할 데가 많아서다. 다 하기는 어렵다. 선별할 수밖에 없다는 얘기다. 더러 난감할 때도 있다. 생전 연락 없던 사람이 상을 당했다거나 혼사를 알려오는 것. 이런 경우는 대부분 무시하고 만다. 이는 상대방에 대한 예의도 아니다. 애경사는 서로 가깝다고 여기거나, 소통을 해온 사이만 알리는 것이 맞다. 얼굴 정도 안다고, 명함 한 번 주고받았다고 보내는 사람도 있다.

가장 많이 알려오는 곳은 고등학교 동기회다. 장례식도 많고, 결혼식도 많다. 동창회 총무가 소식을 전해온다. 나는 나름 기준을 정해 성의를 표시한다. 2019년 장모님이 돌아가셨을 때 문상을 오거나 조의금을 보낸 동문들에게는 똑같은 방식으로 인사를 한다. 대략 60명 안팎이다. 또 3년 이내 얼굴을 보고, 소통을 하는 친구들은 챙긴다. 애경사는 그렇다. 품앗이 성격이 강하다. 남이 한 만큼 나도 해야 한다. 받기만 해서는 안 된다는 얘기다.

요즘은 인사치레하기가 편리하다. 부고장이든, 청첩장이든 계좌번호가 나와 있기 때문이다. 예전에는 계좌번호를 알아내느라 애쓴 적도 적지 않다. 이처럼 세상이 바뀌었다. 애경사 비용에 모두 부담을 느낀다. 그렇다고 나 몰라라 할 수도 없다. 오고 가는 맛이 있어야 한다.

5남매 모임

오늘이다. 우리 다섯 남매가 부부동반으로 만나 점심을 먹기로 했다. 그러니까 10명이 만난다. 모두 결혼했고, 지금까지는 건강하다. 그것 역시 축복이다. 만약 한 명이라도 혼자 되면 이처럼 모임을 하기 어려워진다. 장소는 수원 고기집. 중간 지역을 골랐다. 형과 남동생은 세종서 차량 한 대로 올라온다. 누나는 평택서, 나와 여동생은 서울서 각각 이동한다.

우리는 1년에 두 번가량 전체가 만난다. 물론 명절이나 부모님 제사는 별개다. 보통 점심을 먹고 헤어진다. 오늘은 올들어 두 번째 만남이다. 지난 6월 여의도서 만난 뒤 따로 날을 잡았다. 내가 점심을 내기로 했다. 새로 옮긴 직장 턱을 한다고 할까. 형제들과 밥 먹는 일이라면 매일 내도 좋을 듯싶다. 형제처럼 가까운 가족도 없다. 우리 형제는 남들이 부러워할 만큼 우애가 있다.

형제끼리 싸우는 경우도 많이 본다. 대부분 돈 때문이다. 부모님의 유산을 놓고 다툰다. 서로 한 푼이라도 더 가지려고 하니 이런 사태가 벌어진다. 우리 형제는 그럴 일도 없었다. 유산이 없었던 까닭이다. 그것 또한 복으로 여기고 있다. 여동생이 제일 잘 산다. 그래서 집안 대소사를 잘 챙기고 있다. 고마운 일이 아닐 수 없다. 수원에 잘 다녀오겠다. 멋진 주말 되시라.

집안 망신

집안의 화목이 가장 중요하다. 예로부터 숱하게 많이 들었을 것이다. 그런데 그렇지 못한 가정이 많다. 가화만사성이라고 했거늘. 어제오늘 방송인 박수홍 집안 얘기로 시끌벅적하다. 형제간의 재산 싸움이 부자지간, 모자지간 다툼으로도 비쳐졌다. 특히 박수홍의 어머니는 TV에도 나와 얼굴이 익숙하다. 그랬던 어머니와 아들 사이가 돌아올 수 없는 다리를 건넌 것 같았다.

사실관계는 그들만 잘 알터. 나는 박수홍 형이 나쁜 사람으로 알았다. 실제로 구속까지 됐다. 그러나 박수홍 부모 말을 들어보니 그런 것 같지도 않다. 오죽하면 아들의 사생활까지 폭로할까. 적어도 부모님은 거짓말을 하지 않을 것으로 본다. 아버지와 어머니의 말에 따르면 아들 박수홍은 수준 이하다. 박수홍이 뭐라고 할지 궁금하다.

참 사람 속마음은 알 수 없다. 박수홍이 계속 방송을 하기 어려울 듯하다. 이번에 너무 많은 것을 잃었다. 그러고도 방송에 나올까. 그에게 꼭 들려주고 싶은 말이 있다. 수신제가하라고. 이런 경우 눈에 콩깍지가 끼었다고 한다. 공인의 모습을 보여주기 바란다.

단풍놀이

아직 단풍이 덜 들었다. 물론 설악산 등 북쪽은 들기 시작했을 터. 만산홍엽이라고 했다. 모든 산이 붉게 물든다. 요즘 주말에 집을 지키는 사람은 많지 않은 것 같다. 가족끼리, 아니면 친구 등 지인들과 외출을 한다. 우리나라는 갈 데가 참 많다. 어디를 가든 아름다운 자연이 펼쳐진다. 정말 복 받은 나라다. 세계 어디에 내놓아도 손색이 없다.

명산이 아니어도 단풍을 구경할 수 있다. 특히 근교엔 볼거리가 너무 많다. 시내서 30분간 가면 산이 즐비하다. 북한산은 명산 중 명산이다. 능선이 무척 아름답다. 등산 코스도 여러 개라 지루함을 못 느낀다. 어디 이뿐인가. 관악산 도봉산 청계산 우면산도 지척이다. 대중교통을 이용해도 모두 닿을 수 있다. 주말에는 시내버스나 지하철을 이용하는 게 좋다. 운동도 되고.

출장이 잦다 보니 KTX나 비행기를 타고 오가며 단풍을 구경한다. 이제 막 물들기 시작한 곳도 있다. 이번 주말에는 아내와 함께 가까운 곳이라도 가보려고 한다. 파주 헤이리도 괜찮다. 커피숍도 근사한 곳이 많다. 헤이리는 드라이브 하기에 안성맞춤. 주말 계획 잘 세우시라.

며느리 타령

청첩장과 부고장이 반반쯤 날아온다. 공제회 직원들은 부음이 더 많고, 고교 동기 등 지인들은 청첩장이 훨씬 많다. 내 나이가 그만큼 먹었다는 뜻이다. 며느리, 또는 사위를 보는 친구들이 솔직히 부럽다. 나는 거의 10년 전부터 며느리 타령을 해왔는데 여전히 감감무소식이다. 아들 녀석은 88년생. 우리 나이로 36살이다. 예전 같으면 초등학교 학부형 나이다. 나도 87년 28살에 결혼했다.

결혼은 그렇다. 우선 짝이 있어야 결혼할 수 있다. 아들에게는 아직 여자 친구가 없다. 지금까지 모태 솔로다. 나를 닮아서 그럴까. 나 역시 연애에는 소질이 없었다. 그래도 녀석보다는 나았다. 미팅이라도 몇 번 했으니. 그러나 아들은 미팅을 하거나 소개도 안 받았다. 여자에 대한 관심이 적어서 그럴지도 모르겠다. 내후년까지는 결혼하겠다고 하는데 지켜볼 일이다.

나는 SNS를 통해 여러 차례 대한민국서 가장 좋은 시아버지가 될 자신이 있다고 말한 바 있다. 그 같은 다짐은 지금도 유효하다. 하지만 내가 장가갈 수는 없는 일. 언제쯤 짝이 나타날까. 나는 정말 사람을 좋아하고, 이뻐한다. 광고라도 내볼까. 우리 집 며느리로 들어올 의향이 없느냐고.

내 집이 최고다

나흘 간의 지방 출장을 마치고 서울에 왔다. 전주 광주 목포 제주를 다녀왔다. 목포는 후배 별장, 제주에서는 5성 호텔인 라마다프라자에 묵었다. 서울 우리집보다 훨씬 좋은 것은 말할 나위가 없다. 물론 잠도 잘 잤다. 그러나 내집이 최고라는 생각이 든다. 집만큼 편한 곳도 없다. 우리 아파트는 많이 낡았다. 1979년 입주한 아파트다. 지은 지 44년 됐다.

나는 1987년 11월 결혼했다. 방 두 칸짜리 전세 살다가 93년 2월 지금 살고 있는 아파트로 이사왔다. 만 30년 넘게 살고 있다. 원주민이라고 할 수 있다. 재개발 얘기는 나오지만 언제 될지 알 수 없다. 한 아파트에서 30년 이상 사는 사람은 많지 않을 것이다. 따라서 재테크는 빵점. 월급쟁이는 아파트 평수를 늘려가며 재산을 불려야 하는데 그렇지 못했다. 나도, 아내도 전혀 관심이 없었다. 앞으로도 이사갈 생각은 없다.

내가 생각하는 집은 이렇다. 비바람만 피할 수 있으면 된다. 지금 사는 집은 34평. 아들 녀석이 장가가면 이마저도 줄이려고 한다. 20평대를 생각하고 있다. 22평이나 25평을 고르려고 한다. 방 두 개면 족하다. 집이나 차에 대한 욕심은 없다. 차 역시 굴러다닐 수 있으면 된다. 현재 타고 있는 차는 K7. 바꾼다면 더 작은 차를 탈 계획이다. 지금보다 줄이는 게 맞다. 소득도 줄 테고.

바비큐 파티

"언니 오빠들~ 11월 18일 토요일 안성에서 바베큐파티 하려고하는데 오케이?" 어제밤 여동생이 우리 5남매 단톡방에 올린 메시지다. 안성 별장에서 다시 만나자는 것. 지난 14일 수원 고기집서 다섯 남매가 부부동반으로 만난 바 있다. 이번에는 안성에서 보잔다. 나는 바로 오케이 했다. 마침 전날이 결혼 36주년이어서 또 다른 기념이 될 것 같다.

안성 별장은 꽤 크다. 80~100명 들어가는 홀도 있다. 아들 녀석과 배우자가 괜찮다면 결혼식을 치르고 싶다고 했던 그 별장이다. 동생 말대로 바비큐 시설이 완벽하다. 중앙대 총동문회장으로 있는 매제가 고기를 직접 구워준다. 고기 굽는 데 선수다. 형과 남동생은 세종서 함께 올라오고, 누나는 평택서 온다. 한 달 만에 다시 만나는 셈이다. 이처럼 형제끼리는 자주 만나야 한다. 만나면 그냥 좋다.

막내인 여동생도 올해 환갑이다. 큰딸은 시집 가 서울서 살고, 아들과 작은딸은 뉴욕서 공부한다. 서울 집에는 여동생 부부만 있다. 젊을 때는 형제도 만나기 쉽지 않다. 먹고살기 바빠서다. 형은 교사로 있다가 정년퇴직 했고, 남동생도 은행 지점장으로 있다가 나왔다. 나만 현직에 있다고 할까. 물론 매제는 기업을 운영하고 있다. 그러다 보니 상대적으로 시간 여유가 있다. 벌써부터 등심이 어른거린다.

먹는 데는 아끼지 말자

결론적으로 말한다. 먹는 데는 돈을 아끼지 말아야 한다. 꼭 비싸지 않아도 된다. 먹고 싶은 것을 먹는 게 중요하다. 가급적 신선한 것을 먹는 게 좋다. 그러려면 손님이 많이 찾는 곳이 낫다. 그런 집은 재료가 싱싱하다. 나는 가족들에게도 말한다. 먹고 싶은 게 있으면 아끼지 말고 먹으라고. 그렇다. 아프면 아무 소용이 없다. 먹고 싶어도 못 먹는다.

나는 두 가지만 챙긴다. 건강과 먹는 것. 가장 중요하지 않을까. 건강은 아무리 강조해도 지나치지 않다. 건강하려면 잘 먹어야 한다. 먹지 못하면 죽는다. 2019년 장모님이 돌아가셨다. 식사를 못 하신 지 일주일 만에 눈을 감으셨다. 밥심으로 버틴다는 말이 있다. 하루 한 끼만 잘 먹어도 된다. 나는 점심을 잘 챙겨 먹는다. 아침은 사과 하나, 저녁은 밥 3분의 2 공기 정도 먹는다. 점심은 사 먹으니 잘 먹을 수 있다.

오늘도 새벽 3시쯤 일어나 사과를 하나 깎아 먹었다. 평소 먹던 아침이다. 그런데 갑자기 치킨과 감자튀김이 먹고 싶었다. 쿠팡 이츠에 들어가 찾아보니 주문이 가능했다. 치킨 몇 조각과 감자튀김을 주문했다. 30분 만에 배달됐다. 치킨 두 조각을 맛있게 먹었다. 어떤 때는 떡볶이와 튀김도 시켜 먹는다. 지금은 모든 음식을 주문해 먹을 수 있다. 얼마나 좋은 세상인가. 마음껏 먹자. 그게 남는 거다.

돈돈돈

돈이 가장 좋다고 한다. 틀리지 않은 것 같다. 현대 사회서 돈으로 해결되지 않는 게 거의 없다시피 하다. 그러니 돈 돈 돈 하는 것이다. 나 역시 아주 아니라고는 할 수 없다. 상대적으로 덜한 편이기는 하다. 1986년 기자생활을 한 이후 풍족하게 살아온 적은 없다. 요즘들어 형편이 나아졌다고 할 수 있다. 그동안 빠듯하게 살았다. 대신 빚은 지지 않았으니 그것만도 고마워해야 할 듯하다.

제일 부러운 대상이 교사 부부다. 둘이 정년퇴직을 할 경우 700~800만원쯤 수령한다니 말이다. 실수령액 기준이다. 연금을 합쳐 그렇다. 그럼 웬만한 월급쟁이를 능가한다. 이들은 골프도 치고, 해외여행도 자주 다닌단다. 그만큼 여유가 있어서다. 하지만 월수입이 300만원에 미치지 못하는 가정도 적지 않다. 그래도 살긴 산다. 사는 게 오죽하겠는가. 물가가 너무 올라 살기 팍팍하다.

이것도 건강할 때 얘기다. 아프면 병원비, 간병비 등으로 허리가 휜다. 간병인을 쓸 경우 한 달 500만원이 든다. 말이 그렇지 1년이면 6000만원이다. 웬만해선 버티기 힘들다. 돈 돈 돈 하는 이유인지도 모르겠다. 아플 것에 대비하기 위해서도 돈이 있어야 한다. 아니면 보험이라도 들어 놓을 필요가 있다. 긴 병에 효자 없다고 했다. 아침 일찍 돈타령을 해본다.

잊고 싶은 기억

작년 이맘때 쯤이다. 몸의 상태가 최악이었다. 원인 모를 옆구리 통증으로 일상생활이 불가능할 정도였다. 잠도 제대로 못 자고, 잘 먹지도 못했다. 하루하루가 지옥 같았다고 할까. 돌이켜 보아도 정말 힘들었다. 잊혀지지도 않는다. 10월 29일 이태원 참사가 터졌다. 이틀 후 중앙대병원에 입원했다. 처음 달려간 곳은 분당 서울대병원 응급실. 거기서 퇴짜를 맞고 중대병원으로 발길을 돌렸다.

중대병원 응급실서도 이 검사, 저 검사를 실시했다. 딱히 문제될 만한 구석이 없었다. 그래도 죽겠다고 하니까 입원은 시켜 주었다. 입원 후 MRI 등 정밀검사를 했다. 전반적으로 허리가 좋지 않은 것 말고는 이상이 없다고 했다. 병원서 치료를 받은 것도 없다. 허리 주사만 딱 한 번 맞았다. 그리고 밥만 먹었다. 8박9일 동안 입원했던 결과다. 하지만 올 3월에도 6박7일간 한 번 더 입원했다. 똑같은 옆구리 증상 때문이었다. 이때도 별다른 치료는 없었다.

그러나 지금은 옆구리 통증에서 해방됐다. 잠도 잘 자고, 잘 먹는다. 지난 6월부터 자각 증세가 없어졌다. 통증이 가장 힘들다. 나는 아프다고 하는데 의사는 이상 없다고 한다. 이럴 땐 마음의 병이 크다고 보아야 한다. 지인이 이런 말을 했다. "공제회로 출근하면 다 나을 것"이라고. 실제로 그랬다. 적당한 긴장도 필요한 듯하다. 바쁘게 움직인 탓일까. 요즘 건강 상태는 굿이다.

만 60은 무덤

인생은 60부터라고 했다. 100세 시대에 맞는 말인데 현실은 그렇지 않다. 만 60이 되면 직장서 물러나고, 사실 오라는 데도 거의 없다시피 하다. 하루아침에 절벽으로 떨어지는 기분이라고 할까. 요즘 60은 한창이다. 정신도 맑고, 건강도 청년이다. 하지만 60이 마지노선이라고 할 수 있다. 가령 60 넘어 원서를 내면 퇴짜 맞기 일쑤다. 대기업은 언감생심 꿈도 못 꾼다. 대기업에서 60 넘은 사람은 오너밖에 없다고 해도 틀린 말이 아니다.

국내 최대 기업 삼성전자를 본다. 대표이사 격인 한종희 부회장이 62년생으로 61살이다. 그밖에 나머지 임원들은 50대다. SK그룹에는 60 이상이 한 명도 없다. 아마 현대차도 그럴 것이다. 세대교체가 이뤄진 셈이다. 최근 미래에셋 인사에서 박현주 회장의 '오른팔'로 불리며 미래에셋그룹을 창업한 최현만 회장이 일선에서 물러났다. 1997년 미래에셋 창립 멤버로 참여한 지 26년 만이자, 2021년 미래에셋증권 회장에 오른 지 2년 만이다. 61년생인 최 회장은 전남대를 졸업하고 동원증권에 입사해 지점장으로 근무하다 박 회장과 함께 미래에셋을 창업했다. 창업공신도 나이를 못 피한다.

나는 60년생. 지금 4대 보험 혜택을 받고 있으니 고맙고 감사한 일이다. 60 넘어도 얼마든지 일을 할 수 있다. 이처럼 나이로 자르는 것은 불합리하다. 정년을 피해갈 수 있는 자리는 오너뿐이다. 오너가 되려고 하는 이유이기도 하다. 나는 2026년까지 현역이다. 그 뒤에도 현역을 꿈꾼다.

초심을 잃지 말자

큰 변화가 있었다는 점은 여러 차례 밝힌 바 있다. 그래서 사람 일은 모른다고 했을까. 공제회에 들어와 많은 것이 변했다. 미안할 정도로 혜택을 받고 있다. 날마다 나를 되돌아보기도 한다. "초심을 잃어서는 안 된다"고 다짐한다. 신분이 격상된 느낌을 받고 있다. 평소 내가 해오던 관행에서 180도 바뀐 탓이다. 이를 고마워하면서도 내 자세를 가다듬고 있다.

우선 출퇴근 패턴이 바뀌었다. 그동안 지하철을 이용했다. 고문으로 출근할 때는 5시 34분 첫 지하철을 탔다. 지금은 회사가 제공해준 승용차를 탄다. 물론 운전기사도 있다. 이런 날이 오리라곤 생각도 못 했다. KTX도, 비행기도 좌석이 업그레이드 됐다. KTX는 특실, 비행기는 비즈니스석을 이용한다. 회사 규정이 그렇단다. 임원에 대한 배려 차원에서다. 호텔 객실도 마찬가지다.

아내도 이런 말을 한다. "자기 호강하다가 3년 뒤에는 어떻게 할 거야" 내가 초심을 잃지 말아야 하는 이유이기도 하다. 초심. 굉장히 중요하다. 그러려면 매일 자신을 되돌아보아야 한다. 행여 우쭐하지나 않는지, 아랫사람들에게 잘하는지 등을 살펴보아야 한다. 초심은 한결같아야 한다. 죽을 때까지.

새벽 단상

여지없이 새벽 기상이다. 눈을 뜨니 2시 20분. 바깥 기온은 차다고 나온다. 큼지막한 사과 하나를 깎아 먹고, 커피를 마시는 중이다. 그리고 보일러의 불도 켰다. 어제 지인이 청송 사과 한 박스를 보내줬다. 예전에도 먹어봤지만 청송 사과가 정말 맛 있다. 당도도 높고, 식감도 좋다. 잘 퍼주기를 좋아하는 아내에게 말했다. "내 아침 양식이니 막 나눠주지 마"라고 했다.

커피를 마시면서 메일 등 이것저것 확인한다. 밴드에 들어갔다가 슬픈 소식을 접했다. 고등학교 동기 본인상이 올라왔다. 올해 나이 64살. 우리 나이로는 65살일 터. 우리는 1976년 시험을 치고, 대전고에 입학했다. 아마 이 친구는 재수를 하지 않았나 싶다. 부고장을 보니 며느리도 있고, 사위도 있다. 손주도 둘이나 있었다. 아들·딸 결혼을 시켰다는 얘기다. 그래도 너무 일찍 갔다. 영면을 빈다.

오늘은 무엇을 할까. 먼저 아내에게 물어본다. "내일은 뭐 하지" 아내는 늘 똑같다. 운동을 하자고 한다. 날이 추워 백화점에 가서 걸을 계획이다. 집 근처에 롯데 신세계 현대백화점이 있어 한 곳을 골라 가면 된다. 영등포 롯데를 가장 많이 가는 편이다. 점심 메뉴도 정했다. 곤드레밥을 먹자고 했다. 먹고 싶은 것을 먹어야 한다. 다음 주말은 우리 5남매 모임이 있다. 여동생네 안성 별장서 바비큐 파티를 하기로 했다. 모임이 있으면 즐겁다. 멋지게 살자.

김장 김치

자취 생활을 만 7년간 했다. 초등학교 5학년 말 대전으로 전학 가 고등학교 졸업할 때까지 누나·형·동생과 함께 살았다. 그래서 밥도 잘하고, 웬만한 반찬은 만들 줄 안다. 특히 세종 사는 형님은 음식을 잘한다. 어렵게 살던 시절이라 늘 배고팠다. 겨울을 앞두고 준비할 게 있었다. 김장 김치와 쌀, 그리고 연탄. 연탄을 피우던 시절이다. 이 세 가지를 갖고 있어야 겨울을 나곤 했다.

2019년 장모님이 돌아가신 이후 김장을 담그지 않는다. 아내의 건강 때문이다. 사 먹든지, 얻어먹는다. 지인들이 김장 김치를 담가주기도 한다. 올해도 김치를 얻어먹었다. 지인이 강원도 영월에서 직접 담근 김치를 한 통 주었다. 며칠 밖에서 익혔다. 모양부터 맛있어 보였다. 두 쪽을 꺼내 먹어 보았다. 나뿐만 아나라 식구들 입맛에 딱 맞았다. 옛날 시골에서 어머니가 담가준 그맛 그대로였다. 오늘 아침도 라면을 끓여 그 김치와 먹었다. 꿀맛이다.

특히 김치는 담그는 데 손이 많이 간다. 배추 한 포기 남에게 주는 것이 쉽지 않다. 그냥 얻어먹으려니 고마운 마음에 앞서 죄송스럽다. 담근 김치는 사먹는 것에 비교되지 않는다. 이번 영월 김치는 지인 장인·장모님이 텃밭에서 키운 배추로 담근 것. 고추도 영월산을 썼단다. 김치 색깔이 참 곱다. 한두 달 먹을 수 있는 김치 분량이다. 올 겨울은 배가 부르다.

옷이 날개

2016년 신문사를 그만둔 이후 청바지만 입었었다. 양복 정장은 2019년 장모님이 돌아가셨을 때와 상가집 방문 등 두세 차례 빼고는 입은 적이 없다. 지난 7월 10일 공제회로 출근하기까지 그랬다. 이 기간 중 양복은 한 벌도 사지 않았다. 입을 일이 없었기 때문이다. 그러나 지금은 정장 차림으로 출근한다. 물론 넥타이도 맨다.

양복은 버리려다 혹시 입을 일이 생길지 모른다며 옷장에 그대로 보관했다. 그게 딱 맞아떨어졌다. 오늘 겨울 양복을 정리했다. 모두 8벌이 있었다. 이 정도면 겨울을 나고도 남는다. 오래 전에 사거나 맞춘 양복들이다. 나는 체형이 그대로다. 1987년 11월 결혼할 때는 체중이 62~63kg 쯤 나갔다. 3개월 뒤 체중이 70kg으로 불었다. 그 체중을 지금까지 유지해 오고 있다. 오래된 양복을 계속 입을 수 있는 이유다.

옷이 날개라고 한다. 기왕이면 잘 입을 필요가 있다. 남 보기에도 그게 좋다. 바지는 매일 다려 입는다. 와이셔츠도 물론이다. 포인트는 넥타이. 넥타이만 100개가량 있었다. 얼마 전 20개 정도만 남겨 놓고 모두 버렸다. 매일 바꿔 매도 일주일 다섯 개면 족하다. 대신 단정하게 입어야 한다. 신사의 멋이다.

나도 꼰대?

요즘 이혼이 다반사다. 셋 중 한 커플은 이혼한다고 한다. 이혼율이 30%를 넘었다는 뜻이다. 실제로 주위에 이혼한 경우를 흔히 본다. 예전에는 이혼을 쉬쉬했다. 행여 누가 알까봐 노심초사하기도 했다. 그러나 지금은 달라졌다. 당당하게 얘기한다. 이혼이 부끄러운 일이 아니어서 그럴까.

최근 젊은이를 포함한 지인들과 점심을 함께 했다. 내가 이혼에 대해 결혼 실패라고 말하자 바로 반격이 들어왔다. "이사님 그렇게 얘기하면 꼰대 소리를 듣습니다"라고 했다. 실패라는 말을 쓰면 안 된다고 했다. 그냥 갔다 왔다고 말해야 한다는 것. 실패는 꼰대들이나 쓴다고 했다. 나도 하나 배운 느낌을 받았다. 이처럼 세상이 바뀌었다.

그렇다 하더라도 이혼은 피해야 한다. 부부 모두에게 마음의 상처가 너무 크다. 이혼을 쉽게 생각하는 데는 각자도생이 가능해서다. 남자든 여자든 이혼한 뒤 혼자 살 수 있다. 여자도 대부분 직장 생활을 하는 까닭이다. 굳이 신경 쓰며 살 필요가 없다는 얘기이기도 하다. 가정의 가치는 소중하다. 웬만하면 이혼을 하지 말고 살아야 한다.

치매

현대 의학이 발전에 발전을 거듭하고 있지만 아직 정복하지 못한 분야가 적지 않다. 특히 뇌질환은 까다롭기도 하거니와 위험한 분야라서 손대기도 쉽지 않다. 치매도 그중의 하나다. 치매는 약도 없다. 시중에 유통되는 약이 있지만 치료약으로 볼 수 없다. 다국적 제약회사가 치매약을 개발하기 위해 뛰어들었지만 번번이 실패하고 있는 실정이다. 그래도 언젠가는 정복할 것으로 본다.

치매. 무서운 병이다. 본인은 병에 걸린 줄도 모른다. 그러나 가족들은 큰 고통을 받는다. 간병하기가 여간 쉽지 않다. 벽에 똥칠한다는 얘기가 있다. 실제로 그렇다. 치매 환자들은 자기가 무슨 행동을 하는지 모른다. 24시간 간병이 필요한 이유이기도 하다. 4년 전 돌아가신 장모님이 요양병원에 계실 때 치매환자가 한 방에 있었다. 걸핏하면 사고를 쳤다. 눈 깜짝할 사이에 일을 저질렀다.

인기 가수 태진아의 부인이 치매에 걸렸다고 한다. 노래 제목에도 나오는 옥경이다. 태진아는 KBS 쿨(Cool) FM 라디오 '박명수의 라디오쇼'에 나와 "아들 이루와 아내를 목욕시키고 대소변도 다 받아내고 있다"면서 "아내가 저와 아들을 돌아가면서 찾는다. 제가 발목을 삐었을 땐 아들이 혼자 아내를 돌봤다"고 전했다. 그는 5년 전부터 아내가 치매를 앓고 있다면서 "1년 반 전부터 병세가 빨라졌는데 지금은 조금 멈춘 것 같다"고 했다. 치매는 누구에게나 올 수 있다. 가족의 보살핌이 중요하다. 태진아 부자처럼.

결혼기념일

살면서 두 가지는 잊지 말아야 한다. 아내 생일과 결혼기념일이다. 바쁘게 살다 보면 잊어버릴 수도 있다. 잊지 않으려면 미리 표시를 해두어야 한다. 물론 나도 그렇게 한다. 모레가 결혼 36주년이다. 우린 1987년 11월 17일 결혼했다. 1986년 서울신문에 입사한 이듬해다. 아내는 대학을 졸업하던 해다. 그래서 아내는 직장 생활을 하지 않고 바로 신혼 생활에 들어갔다.

세월 참 빠르다. 엊그제 같은데 시간이 그렇게 흘렀다. 예전에는 작은 이벤트도 했다. 결혼기념일 날은 힐튼호텔 1117호실에 묵곤 했다. 호텔 측이 배려해 주었다. 남산을 바라보는 뷰도 좋았다. 호텔 측은 뿐만 아니라 와인, 케익, 과일을 방에 넣어 주었다. 이젠 그 호텔도 이용할 수 없다. 재개발 목적으로 문을 닫았기 때문이다. 이처럼 신경써준 호텔 직원들 얼굴이 떠오른다.

올해는 특별한 계획이 없다. 어디를 가려고 해도 아내의 건강 때문에 실행할 수 없다. 아들이 제안을 한다. 동네 전문 식당서 샤브샤브나 먹잔다. 멀리 갈 수 없으니 고육지책이다. 아들은 엄마에게 기도비를 주었다고 했다. 나는 그냥 통과다. 사랑하는 마음만 전한다.

▎사촌 동생의 죽음

정말 믿기지 않는다. 조금 전 사촌 동생이 사고로 숨졌다는 연락을 받았다. 올해 58살이다. 충남 보령서 고기잡이를 하다가 사망했다는 것. 원래 카센터를 했는데 모두 정리하고 배를 샀었다. 정확한 사고 원인은 모르겠다. 모두 경황이 없어 물어보지도 못했다. 셋째 작은아버지 둘째 아들이다. 아버지 4형제 중 모두 돌아가시고 셋째 작은아버지 내외만 살아계신 데 이같은 비극이 일어났다.

우리 연(淵)자 돌림 사촌은 모두 12명이다. 가장 먼저 세상을 떠났다. 눈물이 앞을 가린다. 사촌 사이지만 친형제처럼 가깝게 지냈다. 집안일도 도맡아 하던 동생이다. 빈소는 대천역전 장례식장에 차렸단다. 내일 오후 다녀올 예정이다. 왕복 기차표도 끊었다. 동생의 마지막 가는 길을 보고 오지 않을 수 없다. 악착같이 살려고 발버둥 쳤는데 꿈을 이루지 못하고 저세상으로 갔다.

참 허망하다. 우리 사촌 가운데 이런 일이 일어나리라곤 생각지 못했다. 나머지 사촌들도 할 말을 잊었다. 그러나 현실이다. 동생에게 그토록 좋아하던 술이라도 한잔 부어주려고 한다. 부디 영면하기 바란다. 아, 슬프다.

사촌 동생 문상을 마치고

참 허무하다. 동생에게 맛있는 것이라도 한 번 사줬어야 했는데. 후회만 남는다. 이렇게 일찍 갈 줄은 몰랐다. 대천역 전 장례식장에 도착해 동생의 영정 사진을 보니 울컥했다. 제수씨와 조카 둘이 문상객을 맞았다. 동생이 대학을 졸업한 뒤 내가 취직을 알선한 적이 있다. 그 직장을 그만두고 고향인 대천으로 내려와 개인 사업을 하다가 졸지에 목숨을 잃은 것이다.

6시 16분쯤 장례식장에 도착했다. 사촌들이 미리 와 있었다. 다들 충격이 가시지 않은 표정이었다. 동생은 사고를 당했다. 작은어머니는 졸도 하시기도 했다고 한다. 작은아버지는 차마 얼굴을 볼 수 없다며 안치실도 안 들어가시고. 부모님보다 먼저 가면 불효다. 하지만 뜻대로 되지 않는 게 인생이다. 1시간 30분쯤 머무른 뒤 가족들을 위로하고 빈소를 나왔다. 내일 출근해야 하기 때문에 빈소는 지킬 수 없었다.

동생의 부음 소식을 전했더니 많은 분들이 위로의 말을 건네준다. 고마운 마음을 전한다. 죽은 사람이 가장 불쌍하다. 산 사람은 어떻게든 산다. 오늘 아침 친구에게 얘기했다. 우리 나중에 함께 살자고. 마음이 맞으면 같이 사는 것도 좋다. 인생이 긴 것 같아도 짧다. 하루를 살더라도 잘 살아야 한다. 슬픈 밤이다.

▎한 달에 얼마면 적정할까

노후를 걱정하지 않을 수 없다. 여유 있는 사람보다 없는 사람이 더 많다. 나이를 들어서도 일을 할 수밖에 없는 이유다. 노후를 걱정하지 않는 사람은 얼마나 될까. 20%는 넘지 않을 것으로 본다. 아이들 키우며 저축하는 것이 쉽지 않아서다. 한 달에 얼마면 걱정하지 않고 살 수 있을까.

국민연금연구원이 조사한 노후적정 생활비는 부부 기준으로 277만원, 1인 가구 기준으로는 177만원이다. 적정생활비라 함은 기본적인 생활을 유지하는 것 이외에 여행, 골프, 문화생활 등 여가생활을 즐길 수 있는 정도를 말하는 것이다. 이 같은 생활비도 건강해야 가능하다. 아프면 돈이 훨씬 더 들어간다. 사실 먹고 사는 데는 그다지 많은 돈이 들어가지 않는다.

나는 퇴직 이후 대략 500만원 정도를 생각한다. 많다고 할지도 모르겠다. 줄이는 것도 어렵다. 현재 받는 국민연금은 200만원. 300만원가량 모자란다. 경제 활동 등을 통해 충당해야 한다. 나중 목표 역시 이 정도 수준이다. 돈은 누가 따로 안 준다. 내가 벌어야 한다. 퇴직 후 100만원은 크다. 지금부터라도 대비해야 할 듯싶다.

결혼 36주년

목포서 요양원을 하는 성보석 아우가 결혼기념일을 축하한다며 꽃바구니를 보내왔다. 어제가 결혼 36주년이었다. 어떤 이벤트도 하지 못했다. 지난 15일 사촌동생이 사고로 숨져 오늘 발인을 했다. 아내는 왼쪽 어깨를 다쳐 반깁스를 했다. 그래서 외출이 불가능하다. 입원하지 않은 것만도 다행으로 여긴다. 아내에게는 내년을 약속했다.

원래 성 원장 부부가 서울로 올라와 저녁을 함께하려고 했었다. 그런데 불운이 겹쳐 취소했다. 꽃바구니는 생각하지도 않았다. 아내가 꽃을 보더니 좋아한다. 나보다도 동생이 낫다. 나는 아내에게 해준 것이 없다. 용돈이라도 주었는데 그것도 안 했다. 성 원장이 내 체면을 세워 주었다고 할까. 바구니를 받은 뒤 성 원장에게 전화를 했다.

성 원장과는 매일 아침 6시 전후로 통화를 한다. 내가 그를 깨운다. 낮에도 한두 번 더 통화를 한다. 때문에 둘의 동선을 다 안다. 아내와 함께 목포에 내려가려 한다. 그러나 올해는 가기 어렵다. 내년 봄을 기약한다. 성 원장, 땡큐!

인생무상

인생은 덧없다고 한다. 그 말이 딱 맞다. 지난 15일 사촌동생이 숨졌다는 소식을 전한 바 있다. 어제 발인을 했다. 화장을 한 뒤 고향 공원묘지 납골당에 안치했다. 나는 사정이 있어 발인은 지켜보지 못했다. 그 또한 미안하고 아쉽다. 나머지 사촌들은 모두 참석했다. 인생의 덧없음을 느낀다. "형 왔어" 그 동생의 목소리가 들리는 듯하다.

지금 4시다. 커피 한잔 마시면서 이 글을 쓰고 있다. 어떻게 살아야 할 것인가를 생각해 본다. 마음 내키는 대로 살려고 한다. 아등바등 살 필요가 없다. 당장 내일 죽을지도 모른다. 가능하다면 베풀고 살아야 한다. 다 짊어지고 땅속으로 갈 수 없다. 그런데도 더 움켜쥐려고 한다. 욕심 때문이리라. 내려놓자. 그럴수록 가벼워진다. 또 행복에 다가선다.

매사에 감사하자. 그것을 모르는 사람들이 많다. 자기가 잘 나서 그런 줄 안다. 대단한 착각이다. 사람은 고만고만하다. 잘난 사람도, 못난 사람도 없다. 모두가 똑같다고 보면 된다. 누구나 태어났다가 죽는다. 일요일이다. 멋진 하루 되시라.

▍이희호 여사와 로잘린 카터

대통령 영부인. 여성으로서 최고의 영예가 아닐 수 없다. 대통령만큼이나 영향력도 있다. 내조를 하는 까닭이다. 카터 전 미국 대통령 부인 로잘린 여사가 오늘 타계했다는 뉴스다. 올해 96살. 치매로 호스피스 케어를 받기 시작했는데 이틀 만에 숨졌다. 먼저 고인의 명복을 빈다. 나는 로잘린을 보면 이희호 여사가 생각난다. 두 영부인은 비슷한 구석이 있다. 대통령의 부인, 나아가 동반자로서 역할을 했다.

이 여사는 97살에 돌아가셨다. 나는 청와대 출입기자단 전체 간사를 할 때 가장 가까이서 여사님을 지켜 봤다. 소리 없는 내조를 했지만 존경을 한몸에 받았다. DJ와 여사님은 평생 동지였다. 그리고 서로를 존경했다. 카터 부부도 그랬던 것 같다. 카터 전 대통령은 성명에서 "로잘린은 내가 이룬 모든 것에서 동등한 파트너였다"면서 "그녀는 내가 필요할 때 조언과 격려를 해주었다. 로잘린이 세상에 있는 한 나는 누군가 항상 나를 사랑하고 지지하고 있다는 것을 알았다"고 말했다.

피부암을 앓아온 남편인 카터 전 대통령(99)도 지난 2월부터 호스피스 돌봄을 받고 있다. 카터 전 대통령과 같은 조지아주의 플레인스에서 1927년 태어난 고인은 1946년 카터 전 대통령과 결혼했다. 카터 전 대통령의 쾌유를 빈다.

부자지간

아버지와 아들. 가깝고도 먼 사이라고도 할 수 있다. 한집에 살면서 거의 대화를 하지 않는 경우도 있단다. 말만 부자지간이지 남이라고 볼 수 있다. 비극이 따로 없다. 눈에 넣어도 아프지 않은 게 자식이다. 아들이든, 딸이든 똑같다. 엄마와 딸은 가깝다. 그러나 아빠와 아들은 왠지 거리감이 느껴지기도 한다. 남자 대 남자여서 그럴까.

그룹 신화 멤버 전진의 아버지가 숨졌다는 소식이다. 아버지는 가수 찰리박이다. 올해 68세. 젊은 나이라고 할 수 있다. 그는 전진으로부터 경제적인 도움도 받았으나 갈등이 지속되며 절연했던 것으로 알려졌다. 찰리박은 몇 년 전 한 종편 프로그램에 출연해 뇌졸중으로 왼쪽 편마비와 언어장애를 겪고 있다고 공개하면서 "결혼식에 참석하지 못했고, 아들과는 연락을 안하기로 했다"며 "내 탓이고 아들을 원망할 일이 없다, 아들이 금전적인 지원과 투자를 많이 해줬다. 그래서 항상 미안하게 생각한다"고 말했다.

아버지가 아들의 짐이 되는 경우는 드물다. 하지만 찰리박은 아들에게 부담을 주었던 것 같다. 적어도 자식에게 부담되는 부모는 되지 말아야 한다. 전진은 아버지 빈소를 지키기로 했다고 한다. 찰리박을 기억하는 사람도 많다. 인생무상이다.

아들의 꿈

보통 자녀, 특히 아들은 아빠 직업을 선망한다. 의사 아들은 의사, 법조인 아들은 판검사가 되려고 한다. 아버지 직업이 좋아 보여서다. 기자 가운데 대를 이어 기자를 하는 경우는 드물다. 힘든 직업이기 때문이다. 더군다나 대우도 좋지 않다. 특히 말년은 더욱 비참하다고 해도 과언이 아니다.

아들은 88년생이다. 우리 나이로 36살. 커피숍에서 바리스타로 일하고 있다. 녀석의 원래 전공은 컴퓨터 공학. 군에서 제대한 뒤 바리스타 학원을 다니기 시작했다. 나는 아들을 뜯어말렸다. "고작 앞치마 두르고 일하려고 그러느냐"고 했다. 다른 직종에서 일하기를 바랐다. 그러나 아들은 바리스타가 됐다. 본인이 하고 싶어서 한 일이라 그런지 불평은 하지 않는다.

나도 지금은 아들을 적극 응원하고 있다. "기왕 바리스타가 됐으니 한국 최고의 커피 왕이 되라"고 했다. 과연 가능할까. 요즘 엄청난 규모의 커피숍이 속속 선보이고 있다. 아들도 작은 커피숍이나마 자기 가게를 가졌으면 한다. 녀석이 아직은 아니라고 한다. 언젠가는 커피 왕이 되리라고 본다.

 친구

좋은 후배들

세종에 내려왔다. 형님 댁에 들렀다가 잠은 남동생 집에서 잤다. 예전에는 좁더라도 형제들이 모여 다 함께 잤는데 이 역시 바뀌었다. 편한 잠자리를 선택한 것. 평소 같으면 저녁 9시 전후 자는데 세종 도착시간이 9시 30분쯤 됐다. 형님 집에서 1시간 조금 더 머물다가 동생 집으로 이동했다. 바로 잠이 오지 않아 12시쯤 잠에 든 것 같다. 잠자리는 내 집이 가장 편하다.

5시30분쯤 일어났다. 아침에 일어나 어제 KTX에서 가져온 신문 두 개를 읽었다. 30년간 신문기자 생활을 했지만 종이 신문이 낯설 정도다. 그러니 누가 신문을 읽겠는가. 가장 먼저 광교신문 지용진 대표의 전화를 받았다. 정확히 6시 43분. 그는 나를 회장님이라고 부른다. 내가 광교신문의 비상근 회장도 했다. 참 좋은 친구다.

나는 지 대표처럼 마음씨가 고운 사람을 본 적이 없다. 천진난만하다고 할까. 나보다 여덟 살 아래. 68년생이다. 나에게 은인이기도 하다. 작년 10월 31일 중앙대 병원에 입원할 당시 용인서 올라와 병원으로 데려다 주었다. 그때는 너무 힘들었다. 옆구리 통증으로 일상생활이 어려울 정도였다. 입원한 날 아침부터 밤 11시까지 내 곁을 지켰다. 그래서 그 친구에게 한 말이 있다. "자네 같은 동생이 있으니 행복하다. 지금 죽어도 한이 없다."고 했다. 진심이었다. 요즘도 거의 매일 통화한다.

두 번째 통화는 목포 성보석 원장. 6시 49분 전화가 왔다. "형님 잘 주무

셨어요. 추석 잘 쇠십시오." 성 원장은 나의 동선을 다 안다. 2020년 박지원 전 국정원장이 소개해준 친구다. 63년생으로 내 막내 여동생과 동갑이다. 성 원장과는 가족처럼 지낸다. 제수씨가 정말 착하다. 남편에게 잘하고, 자식들을 살뜰하게 챙긴다. 유식한 말로 현모양처 형이다. 두 친구의 전화를 받으니 기분 좋다. 형님 댁으로 가 차례를 지내고 올라간다. 해피 추석!

단골 식당

나보고 미식가라는 사람들이 많다. 그런데 미식가는 아니다. 무슨 음식이든지 잘 먹는 편이다. 가리는 게 없다는 얘기다. 대신 단골 식당을 많이 이용한다. 아무래도 편하기 때문에 그렇다. 단골 식당은 대략 5~6곳이다. 가장 오랫동안 다닌 레스토랑은 라칸티나. 우리나라서 제일 오래된 이태리 식당이다. 1967년 처음 문을 열었다. 1986년 서울신문에 입사한 뒤부터 이용해 왔다. 서울에서 이름난 맛집이기도 하다.

불광동 통나무집도 빼놓을 수 없다. 2000년 청와대 출입기자로 첫 인연을 맺었다. 예전에는 개고기를 팔았다. 그러나 지금은 안 판다. 옻오리와 흑염소 전골로 바뀌었다. 강춘옥 사장님을 누이로 부를 만큼 친하다. 밑반찬이 최고다. 최근에도 들렀더니 포기김치를 싸 주셨다. 2~3달에 한 번 정도는 간다. 여의도 산삼골도 자주 이용한다. 2012년 파이낸셜뉴스 논설위원으로 있을 당시부터 다니기 시작했다. 사장님 부부와 두 딸과도 친하게 지낸다.

조선호텔 나인스게이트도 가끔 간다. 힐튼호텔과 콘래드 호텔을 이용하다가 조선호텔로 바꾸었다. 주로 아침 식사를 한다. 지난 7월 여의도로 온 뒤로는 이용하지 못하고 있다. 아침 일찍 출근하기 때문이다. 여의도 하동관도 단골이라고 할 수 있다. 대한민국서 곰탕을 최고 맛있게 끓인다. 국물이 정말 담백하다. 우리 동네 복먹고복받고도 좋아하는 복집이다. 이 집 역시 육수가 으뜸이다. 내일 고등학교 친구들과 만나기로 한 집이다. 기왕이면 단골집이 좋다.

목포별곡

목포에 왔다. 전주에 들렀다가 익산역을 경유, 오후 4시쯤 목포역에 도착했다. 두 가지 볼 일이 있었다. 친형제처럼 지내는 성보석 아우와 김란 무안 남악초등학교 교장 선생님을 만나러 온 것. 둘 다 귀한 분들이다. 성보석 아우는 목포서 요양원을 운영하고 있다. 박지원 전 국정원장이 소개해준 친구다. 나보다 세 살 아래. 김 교장 선생님은 교직원공제회 운영위원을 하신 분이다. 앞서 무안교육장도 하셨다. 아주 화통하신 분이다. 목포를 한 번 방문하겠다는 약속을 지켰다. 두 분은 동갑내기이기도 하다.

목포역에는 성 원장이 나와 있었다. 목포 출신 공제회 실장은 서울부터 나와 동행했다. 성 원장의 차를 타고 셋이 이곳저곳을 둘러봤다. 삼학도 유달산 원도심 하당 남악 신도시 등을 돌아다녔다. 유서 깊은 자취를 느낄 수 있었다. 김 교장 선생님과 만나기로 한 시간은 오후 6시. 식당에서 만났다. 송미네 밥상이라는 한정식집이었다. 정말 상다리가 부러질 정도로 음식이 많이 나왔다. 성 원장이 미리 주문한 것. 하나씩 사진에 담았다. 나중에 세어 보니 모두 14개였다. 음식도 하나같이 맛있었다.

식사를 마치고 성 원장이 자주 들르는 커피숍으로 갔다. 이름도 이쁘다. 해밀. 주인의 친절이 돋보였다. 김 교장 선생님께 고맙다는 말씀을 드렸다. 또 오라고 하신다. 8시 30분쯤 헤어졌다. 숙소는 성 원장의 영암 독천 별장. 그의 성격만큼이나 잘 정돈돼 있었다. 단층으로 70평 규모다. 밤이지만 정원이 돋보였다. 박 원장이 키우던 진돌이와 진순이도 이곳에

둥지를 틀었다. 씻고 자리에 누웠다. 뿌듯하다. 행복하다. 내일 광주 들렀다가 서울로 올라간다. 전주·광주 1박2일 일정이다.

행복

전남 영암이다. 푹 잤다. 서울에서는 3시 반쯤 일어나는데 5시 반까지 잤다. 성보석 원장의 독천 별장. 처음 왔는데도 낯설지 않다. 성 원장과 제수씨도 별장에 같이 왔다. 제수씨가 아침을 차려준단다. 이런 게 행복 아니겠는가. 좋은 사람들과 식사하고, 커피 마시고, 얘기하고. 어제 목포에 와서는 이를 다 누렸다. 아직도 감동이 가시지 않는다.

행복 역시 사람에게서 나온다. 향기 나는 사람들과 어울려야 한다. 최근에 만난 분들도 그렇다. 이기우 전 교육부 차관도 향기 가득한 분이다. 30년 만에 다시 뵙게 돼 인연을 쌓아가고 있다. 나는 특히 사람 만나는 것을 좋아한다. 엊그제 가족 모임에서도 형님이 그랬다. "풍연이는 어렸을 때부터 인복이 많았다"고. 실제로 그랬다. 내가 비록 가진 것은 없어도 주위의 덕에 잘 살았다. 모든분들께 고마움을 전한다.

내가 사람 만나는 방식은 간단하다. 나와 결이 다른 사람과는 거리를 둔다. 그럼 부딪칠 일이 없다. 또 순수한 사람을 좋아한다. 이것저것 재고 머리 굴리는 사람은 싫다. 내 좌우명은 정직. 거짓말하는 사람도 기피 대상이다. 대신 사람을 100% 믿는다. 그 사람이 나를 속일지라도. 내가 남을 신뢰하면 그 사람 역시 거짓말을 못 하게 되어 있다. 행복은 늘 가까이 있다. 이웃들에게 잘하자.

여백회

이런저런 모임을 할 게다. 계속되는 모임도 있고, 그렇지 않은 모임도 있다. 내가 가장 아끼는 모임 중 하나가 여백회(餘白會)다. 2009년부터 2012년까지 만 3년간 법무부 정책위원을 함께 했던 사람들이 모였다. 모두 10명이다. 나를 포함한 정책위원이 6명, 정책단 소속 검사 출신이 4명이다. 하나같이 이력이 화려하다. 나만 빼놓고.

3년 내내 위원장을 했던 허영 경희대 석좌교수. 대전고 24년 선배이기도 하다. 우리나라 헌법학의 태두다. 역대 정권에서 여러 차례 장관 제의를 받았지만 강단을 지켰다. 박효종 서울대 명예교수는 방송통신심의위원회 위원장을 했다. 김태유 서울대 명예교수는 과학기술보좌관을 했다. 김영천 서울시립대 명예교수도 KAIST 감사를 지냈다. 나랑 호형호제를 하는 김성오 메가스터디 부회장은 베스트셀러 '육일약국 갑시다'의 저자이기도 하다.

검사 출신들도 돋보인다. 박은석 변호사는 조금 일찍 검찰을 나와 금감원에서 이력을 쌓았다. 현재 린 소속 변호사로 있다. 박균택·장영수·조종태 변호사는 모두 고검장 출신이다. 박 변호사는 이재명 대표 변호인으로 활동 중이다. 내년 총선 광주서 출마할 예정이다. 장 변호사와 조 변호사도 인품이 뛰어나다. 이들 넷 다 탄탄한 실력을 갖췄다. 더 큰 일도 했으면 하는 바람이다. 다음 주 금요일 여백회 저녁 모임을 한다. 1년에 두 번, 봄가을에 정례 모임을 하고 있다. 언제 만나도 반가운 분들이다.

홍보석 짬뽕

점심 회식 또는 약속이 많다 보니 고기를 자주 먹는다. 고기를 싫어하는 것은 아니지만 많이 먹으니 질리는 측면도 있다. 내가 고기집을 예약하는 경우는 드물다. 그러나 직원들과 점심을 할 때는 그들에게 예약하라고 한다. 그럼 대부분 고기집이다. 나는 특히 면 종류를 좋아한다. 예전에는 주로 스파게티집을 찾았다. 지난 7월 여의도에 온 이후 스파게티는 딱 한 번 먹었다.

나도 그렇지만 한국 사람은 칼칼한 것을 좋아한다. 점심때 고기를 먹고 집에 와 저녁에는 라면을 먹던지 열무김치를 넣어 비벼 먹기도 한다. 느끼한 맛을 지우기 위해서다. 이런 나를 보고 아내는 이해할 수 없다는 듯 쳐다본다. 내가 여의도에서 가장 좋아하는 곳은 하동관이다. 곰탕이 일미다. 무엇보다 빨리 먹을 수 있어 좋다. 10~20분이면 한 그릇을 비울 수 있다.

그다음 좋아하는 곳은 홍보석. 꽤 알려진 중국집이다. 가족들과도 가끔 간다. 어제 제주 내려오면서 기사에게 말했다. "내일 점심은 홍보석 가서 짬뽕 먹자"고. 기사와 둘이 먹을 때는 이처럼 먹고 싶은 것을 찾아서 먹는다. 하동관 곰탕도 둘이 먹었다. 지금 비행기 안이다. 11시 도착한다. 짬뽕을 생각하니 군침이 돈다. 행복한 하루다.

쌀도, 단감도 얻어먹다

나는 인복도 많고, 먹을 복도 타고났다. 지금껏 배고파 본 적은 없다. 얻어먹더라도 잘 먹는다. 오늘 제주 출장갔다가 왔더니 택배 3개가 있었다. 귤 2박스, 송이 한 박스, 단감 1박스다. 전국에서 왔다. 지인들이 보내준 것. 고맙지 않을 수 없다. 미안한 감도 없지 않다. 주는 것보다 받는 게 더 많으니 말이다. 특히 단감을 보내준 친구는 매년 보내온다.

2006년 서울신문 제작국장을 할 때 처음 소개받았다. 당시 국민은행 서울시내 지점 차장으로 있었다. 광주상고 출신으로 나보다 한 살 아래다. 그래도 깍듯하게 형님이라고 부른다. 나중에 3~4군데 지점장을 하고 나왔다. 그의 고향은 벌교. 고향에는 큰 형님이 계시다. 오늘 보내준 단감도 형님이 딴 것이다. 뿐만 아니라 형님이 직접 지은 쌀도 보내 준다. 그냥 얻어먹기 미안할 정도다.

나는 충청도서 태어났지만 대학 때부터 호남 출신 친구들과 친하게 지냈다. 목포서 요양원을 하고 있는 성보석 원장도 호형호제를 한다. 호남 사람들은 정이 많다. 네 것 내 것이 없다. 여자들은 살림을 잘한다. 남편에게도 최고다. 호남에서 자란 며느리가 들어왔으면 좋겠다. 어디 그런 사람 없습니까.

오성호 회장님

기자와 취재원. 사실 그 대상은 공무원이 가장 많다. 출입처도 부처 등 기관 중심으로 짠다. 둘 다 현직에 있을 때는 소통을 활발히 한다. 그러나 현직을 떠나거나 퇴직하면 소식이 끊기기 쉽다. 계속 만나는 등 관계를 갖기 쉽지 않다는 얘기다. 나도 30년간 기자 생활을 했다. 2016년 현직을 떠났다. 지금까지 인연을 이어오고 있는 취재원은 몇 안 된다. 그마저도 많다고 할 수 있겠다.

오성호 회장님은 1992년 만났다. 내가 상공부에 출입할 때다. 당시는 경제부 지면도 1면에 불과할 때다. '앞서가는 중소기업'이라는 기획 시리즈를 나 혼자 했다. 전국을 돌아다니며 중소기업 CEO를 취재했다. 그때 오 회장님은 서울 양평동에 점보실업이라는 전자부품 회사를 운영하고 있었다. TV 브라운관에 들어가는 부품을 자체 개발해 삼성전자 등에 납품했다. 인터뷰를 한 뒤부터 지금까지 인연을 이어오고 있다.

오 회장은 경주가 고향으로 1942년생이다. 회장님과는 집을 오가며 관계를 맺어 왔다. 아들 인재는 오 회장님을 할아버지라고 한다. 어제 회장님이 사무실을 다녀가셨다. '인재 아빠가 잘 돼서 정말 기분 좋다'고 격려해 주셨다. 진심이 담긴 말이었다. 회장님 내외를 모시고 나들이도 종종 한다. 아들 셋이 있지만 인재 엄마를 딸처럼 좋아하신다. 회장님과는 30년 이상 가족처럼 지냈다. 100살은 무난하리라 본다. 취재원이 아니라 가족이다.

심준형 친구

바로 오늘이다. 친구와 만나기로 한 날. 90년대 초 경제부에 잠깐 있을 때 만난 친구다. 친구는 대우그룹 홍보실에 있었다. 당시 김우중 회장은 모든 젊은이들의 우상이었다. '세상은 넓고 할 일은 많다' 지금은 대우그룹이 기억 속의 그룹으로 남았지만 김 회장이 한국 경제에 기여한 바는 크다. 글로벌화를 앞당긴 기업인이기도 하다. IMF로 그룹이 해체되지 않았더라면 더욱 큰일을 했을 기업인이다.

대우그룹 홍보실은 강했다. 그때 친구는 과장이었던 것으로 기억난다. 30대 초반이었으니. 친구는 나랑 동갑이다. 60년생. 그는 연세대 정외과를 나왔다. 동갑이어서 만나자마자 말을 텄다. 그 뒤 나도, 친구도 열심히 살았다. 대우가 망하는 바람에 친구도 부침을 겪었다. 자주 만나지는 못해 그동안 무슨 일을 했는지는 구체적으로 알지 못한다. 내가 무심했던 결과다.

하지만 10여년 전부터 김앤장 고문으로 일하고 있다. 김앤장이 그의 능력을 인정해서다. 대우 홍보실은 에이스들이 많이 근무했다. 친구 역시 능력이 뛰어나다. 오늘은 친구가 내 사무실을 격려 방문하기로 했다. 몇 년 전 광화문서 한 번 만난 뒤 오랜만이다. 할 얘기가 많을 것 같다. 유붕자원방래 불역낙호(有朋自遠方來 不亦樂乎)라. 문자도 써봤다.

결혼 축의금

봄가을에는 청첩장이 특히 많이 날아온다. 결혼은 축하할 일이다. 결혼식에 빈손으로 가는 일은 없다. 얼마가 됐든 봉투에 돈을 넣고 간다. 이른바 축의금이다. 얼마를 넣을 건가 고민이 되지 않을 수 없다. 많이 넣을수록 좋겠지만 형편은 그렇지 못하다. 이 같은 축의금에 부담을 느끼지 않는다면 거짓말이다. 따라서 적정 금액을 넣는다. 딱히 정해진 금액이 없음은 물론이다.

한 앙케트 조사가 눈길을 끈다. KB국민카드가 고객 패널 '이지 토커' 400여명을 대상으로 한 설문조사 결과다. 이에 따르면 알고 지내는 사이에서 5만원 이하를 낸다는 응답이 53%였고, 5만원 초과 10만원 이하를 낸다는 응답은 44%, 10만원 초과 20만원 이하는 2%, 20만원 초과는 1%였다. 친한 사이에는 5만원 초과 10만원 이하(52%), 10만원 초과 20만원 이하(29%)를 낸다는 사람이 가장 많았다. 둘을 합하면 81%에 이른다. 20만원 초과 30만원 이하(13%), 5만원 이하(3%), 30만원 초과(3%) 등이 뒤를 이었다.

나도 대충 그렇다. 보통 10만원이 가장 많고 친한 경우에는 20만원 이상 낸다. 공제회 직원들을 대상으로 한 경조사비도 나름 기준을 정했다. 모든 직원들에게 성의를 표시하지 않을 수 없어서다. 차장 이하는 5만원, 팀장 이상은 10만원씩 일괄적으로 하고 있다. 한 달 평균 5~10건 정도 된다. 지출 가운데 경조사비가 상당 부분을 차지하는 게 현실이다. 분수에 맞춰 살자.

인향만리

'인향만리(人香萬里)'라고 했다. 사람의 향기는 만리를 간다는 뜻이다. 내가 향기 나는 사람을 좋아하는 이유이기도 하다. 모든 사람이 나 같지는 않다. 사람은 끼리끼리 어울린다. 그것은 어쩔 수 없다. 마음 맞는 사람끼리 어울려 논다. 친구를 보면 그 사람을 알 수 있다고 한다. 특히 나이들수록 더욱 그렇다. 여기서 친구는 또래만 얘기하지 않는다. 지인 모두를 가르킨다 하겠다.

내가 선입견을 갖고 사람 만나는 일은 없다. 그냥 사람이 좋기 때문에 만나자고 하면 무조건 응한다. 그다음부터는 가까이할 사람과, 거리를 둘 사람을 나눈다. 다 함께 할 수는 없는 까닭이다. 살면서 수없이 많은 사람과 부딪친다. 별별 사람이 다 있다. 그러나 향기 나는 사람은 많지 않은 게 사실이다. 꼭 다시 만나고 싶은 사람이 되어야 한다. 그런 사람에게서는 향기가 난다. 그럼 나는 어떨까. 향기 나는 사람이고 싶은데 그 평가는 상대방의 몫이다.

내일 점심도 오성호 회장님 내외와 한다. 조금 전 전화를 주셨다. "인재 아빠 내일 점심 괜찮아요. 또순이네 집서 만납시다" 아내도 오케이다. 항상 부부동반으로 만난다. 또순이네 집은 양평동 맛집이다. 토시살과 된장찌개가 유명하다. 엊그제 소개했던 바로 그 오성호 회장님이다. 오 회장님은 정말 향기가 많이 난다. 또 영락없는 분이다. 아내도 회장님 내외와 함께라면 토를 달지 않는다. 인향에 취하는 것은 나쁘지 않다.

강남 나들이

서울에 살면서도 강남에 가는 일이 드물다. 내가 사는 당산동과 여의도는 같은 영등포구. 집에서 회사까지 2.7km 거리다. 10분이면 닿는다. 여기를 거의 벗어나지 않는다. 지난 7월 10일 이후 여의도를 벗어난 경우는 딱 두 번이다. 점심 한 번, 그리고 오늘 저녁. 김소영 금융위부위원장님과 점심을 하려고 광화문에 나갔었다. 오늘 저녁은 역삼동에서 했다. 1년에 한두 번 할까말까하는 저녁이다.

여백회 모임을 했다. 멤버는 모두 10명. 이 중 8명이 참석했다. 두 분은 사정이 있어 나오지 못했다. 6시 30분부터 8시 30분까지 식사를 하며 얘기를 나눴다. 중식 코스 요리를 먹었다. 여러 가지 주제를 놓고 얘기를 한다. 최고의 지성들이라 대화도 품격이 높다. 조종태 전 광주고검장님은 처음 참석했다. 신입 회원으로 볼 수 있다. 나머지 회원들이 찬성해야 들어올 수 있다. 앞으로 더는 회원이 늘 것 같지 않다.

여백회는 1년에 봄가을 두 번 만난다. 장소는 지금까지 똑같다. 역삼동 GS빌딩에 있는 중식당이다. 이때 아니고는 강남에 안 나간다. 더러 결혼식이 있어 갈 때는 있다. 집으로 돌아오는 야경이 멋졌다. 한강의 넉넉함이 느껴진다. 대중교통을 이용하면 1시간가량 걸리는데 승용차를 타고 와 40분쯤 소요됐다. 집에 들어와 씻고 이 글을 쓴다. 기분 좋은 밤이다.

오풍연구소

어제(27일) 대전 오풍회원님들의 환대 넘 감사드립니다. 작년 연말 충북 도립대 떠날 때 옥천까지 와주셔서 격려해주셨는데, 또 이렇게 따뜻하게 맞이해주셔서 감사드립니다. 조연환 (산림)청장님, 최상현 교장선생님, 반극동 대표님을 비롯한 회원 여러분께 진심으로 감사드립니다. 또 이 모임을 있게 하신 오풍연 회장님께 감사드리고, 울산까지 따라 내려와주신 반극동대표님과 권선복대표님께 감사드립니다. 모두 150세까지 건강과 행복이 함께 하시길 바랍니다.^^

공병영 글로벌사이버대 총장님이 오늘 새벽 단톡방에 올린 메시지다. 어제 대전서 행사를 한 뒤 울산까지 내려가셨다. 글로벌사이버대는 BTS가 나온 대학이다. 오풍연구소가 뭔가 궁금할 게다. 내가 만든 것도 맞다. 페이스북 비공개 그룹이다. 2017년 만들었다. 내 이름을 딴 것 같지만 그렇지 않다. 다섯(MECCA) 가지를 추구한다는 뜻의 오풍(五風)이다. 정직 성실 겸손 도전 실천을 말한다. 그룹 이름을 연구소라 하고, 상호 간 호칭도 연구소답게 위원이라고 부른다.

내가 한 일 중 가장 잘한 게 오풍연구소를 만든 것이다. 사실 장난삼아 시작했는데 멋진 그룹으로 성장했다. 현재 멤버는 1294명. 전국 150개 시군에 살고 있다. 평균 나이는 만 60세를 넘는다. 우스개 소리로 '노치원(老稚院)'이라고도 한다. 코로나 때문에 오프라인 모임은 거의 못 했다. 다시 기지개를 켠다고 할까. 누구에게나 문은 열려 있다. 가입도, 탈퇴도 자유다. 멋진 주말 되시라.

맛난 점심

오성호 회장님 내외를 모시고 점심을 했다. 어제 오후 했던 약속이다. 늘 부부동반으로 뵙는다. 낮 1시 양평동 또순이네 집서 만났다. 상암동 병원에 들렀다가 갔다. 회장님은 미리 와서 기다리고 계셨다. 또순이네는 이 동네 맛집이다. 주차장이 제법 넓은데도 차를 댈 공간이 없었다. 식당은 손님들로 꽉 차 있었다. 대부분 고기를 먹는다.

토시살 4인분을 시켰다. 고기도 회장님이 직접 구워주신다. 내가 굽겠다고 해도 가위와 집게를 양보하시지 않는다. 나와 아내는 회장님이 잘 구운 고기를 열심히 집어 먹었다. 연신 많이 먹으라고 한다. 회장님은 42년생. 우리나이로 82살이다. 30년 전 뵐 때 모습 거의 그대로다. 항상 두 분이 함께 다닌다. 고기도 맛있지만 된장찌개가 일품이다. 밥을 맛있게 비벼 먹었다.

"인재 아빠 오늘 밥값은 자기가 계산해" 당연히 그러려고 생각했다. 그러나 오늘도 계산하지 못했다. 회장님이 무슨 소리냐고 하신다. 지금까지 평생을 얻어먹었다. 밥값 정도는 계산할 형편이 된다. 그런데도 계산을 못 하게 하니 어찌할 도리가 없다. 회장님은 같은 말씀을 하신다. "내 사정이 낫다"고. 물론 비교할 바는 못 된다. 내년 봄쯤 두 분을 모시고 지리산에 갔다올까 한다. 꼭 부모님 같기에.

울산 김종환 친구

동갑내기 친구들이 전국에 걸쳐 있다. 우린 60년생. 우리 나이로 64살이다. 울산 김종환 친구도 그중의 하나다. 페이스북을 통해 알게 됐다. 오풍연구소도 함께 한다. 참 재미있는 친구다. 울산에서 모르는 사람이 없을 정도로 발이 넓다. 이른바 스펙은 뛰어나지 않다. 하지만 능력은 웬만한 사람을 능가한다.

그는 대학을 나오지 않았다. 고등학교도 중퇴했다고 한다. 그러나 다방면에 걸쳐 박식하다. 나도 깜짝 놀랄 정도다. 엄청난 독서량이 그것을 말해준다. 기획력도 탁월하다. 추진력도 있다. 몇 해 전 울산에 강의하러 갔다가 그를 만난 적이 있다. 융숭한 대접을 받았다. 친구는 자칭 어부이기도 하다. 실제로 배 두 척이 있다. 조개 채취 사업을 한다.

내일 울산지부를 방문한다. 업무 보고를 받고 직원들과 점심을 한 뒤 커피숍에 들를 예정이다. 이후부터는 자유 시간이다. 친구가 스케줄을 짜 놓는다고 했다. 그는 대화 소재가 무궁무진하다. 울산에서 의미 있는 일을 하려고 준비 중이다. 그가 마련한 사무실도 둘러볼 참이다. 지방에 가도 맞이해 주는 친구들이 있어 좋다. 벌써부터 기대된다.

특별한 초대

정말 감동을 받았다. 울산에 내려와 김종환 친구 집으로의 초대를 받았다. 요즘 집으로 부르는 경우는 거의 없다. 그것도 외지에서 온 사람을. 나 역시 남의 집 방문은 10년도 넘은 것 같다. 밖에서 만나 얘기하고, 식사하고 헤어지는 게 일반적이다. 그런데 집으로 가자고 해 긴가민가 했다. 그도 그럴 수밖에 없었다. 대뜸 집에 가자고 하니.

울산 동네는 잘 모르겠다. 시내서 그리 멀지 않았다. 친구는 그 집을 프리막(幕)이라고 했다. 자유롭게 상상할 수 있는 공간이었다. 친구의 냄새가 물씬 풍겼다. 이런저런 책도 눈에 띄었다. 무엇보다 회장실이 특이했다. 2층 다락방 같은 구조였다. 머리를 숙이고 들어가야 했다. 옛날 집을 개조해 그랬다. 친구 아내가 음식을 준비했다. 하나하나 정성이 가득했다.

오늘 새벽 갓 잡은 생선을 주로 내놨다. 싱싱했다. 가짓수를 헤아리기 어려울 정도로 진수성찬이었다. 어디서 이런 대접을 받아볼 수 있을까. 맨 마지막에 나온 전은 맛을 못 보았다. 배가 불러 더는 먹을 수 없었다. 친구 아내가 직접 만든 것. 돈 주고도 사 먹을 수 없을 만큼 호화로웠다. 어떻게 갚아야 할지 생각이 안 났다. 5시 30분부터 7시40분까지 저녁을 먹었다. 그리고 호텔로 돌아왔다. 울산에서의 행복한 밤이다.

울산에서 새벽을

어디에 있든 똑같다. 오늘도 새벽 3시에 일어났다. 눈을 뜨면 정확히 이 시간이다. 습관이란 이처럼 무섭다. 울산 시내 호텔이다. 최고층인 19층에 묵었다. 야경이 고즈넉하다. 울산서 가장 중심가란다. 먼저 사과를 한 개 먹었다. 꿀맛이다. 커피는 없어 못 마셨다. 잠은 9시 반쯤 잤다. 어제 김종환 친구 집에서 받은 감동이 채 가시지 않는다.

나도 집을 항상 오픈했었다. 그러나 지금은 하고 싶어도 그럴 수 없다. 아내의 건강이 이를 허락하지 못하기 때문이다. 지금은 친한 친구가 와도 부득이 밖에서 만난다. 예전에는 우리 집을 '당산 카페'라고 불렀다. 친구 또는 후배들과 술 한잔 마실 경우 2차는 당산동에 있는 우리 집에서 할 때가 많았다. 10명 이상 몰고 오기도 했다. 그래도 아내는 한마디 불평 없이 술과 안주를 내오곤 했다.

사람 사는 집에는 사람 냄새가 나야 한다. 누군가 내 집을 방문해 주면 고마워해야 한다. 문을 닫고 살면 복이 달아난다. 개문만복래(開門萬福來)라고 하지 않았던가. 아내가 건강을 회복해 예전과 같이 지내고 싶다. 거듭 강조하건대 건강이 으뜸이다. 건강합시다.

출산이 곧 애국이다

출산. 정말 대책이 없는 듯하다. 정부가 어떤 대책을 내놓아도 효과를 거두지 못하고 있다. 출산율 저하가 그것을 말해준다. 1 아래로 떨어진 지는 오래됐다. 정말 큰 일인데 국가적 대책이 안 보인다. 아이를 적게 낳은 결과는 심각하다. 학교는 계속 문을 닫고 있다. 어디 그뿐이랴. 산후조리원, 어린이집, 학원 등도 직격탄을 맞고 있단다. 폐업이 줄을 잇고 있으니 말이다.

한 후배에게서 전화를 받았다. "형님, 다음 달에 세째가 나옵니다." 세째 외손주를 본다는 얘기다. 후배의 딸은 교사 부부다. 나도 몇 해 전 그 결혼식에 참석한 바 있다. 요즘 둘도 많다고 하는데 세째를 낳는다고 하니 대견스럽다. 애국이 따로 없다. 이런 부부가 애국자다. 또 부부의 결정을 존중한다. 후배 부부가 외손주 뒷바라지를 하고 있다. 힘들어도 보람이 있다고 한다.

우리나라는 OECD 선진국 가운데 출산율이 꼴찌다. 왜 이렇게 됐을까. 아이들을 키우기 어려운 것과 무관치 않다. 돈이 너무 많이 든다. 그러니 안 낳든지, 적게 낳는다. 둘 이상은 기대조차 못 하는 실정이다. 출산을 국가적 아젠다로 삼아야 한다. 하지만 어느 정권도 심각하게 받아들이는 것 같지 않다. 반짝 대책만 내놓을 뿐이다. 적어도 한 명 이상은 낳자. 애국하는 길이다.

오풍연이 만난 사람들

지금까지 숱하게 많은 사람들을 만나 왔다. 나는 사람을 가리지 않는다. 대통령도 가장 가까이서 취재했고, 이른바 조직폭력배 중간 보스 주례도 선 적이 있다. 사회의 제일 밑바닥부터 최고 정점까지 만남을 가져왔다고 할 수 있다. 그동안 얼마나 만났을까. 일일이 셀 수는 없다. 하지만 기억에 남거나 소통을 이어오고 있는 사람은 수백 명쯤 될 듯하다.

만남도 그렇다. 지속적인 만남은 갖기 어려운 게 사실이다. 20~30년 이상 인연을 이어오고 있는 사람이 얼마나 되는지 생각해 보라. 그리 많지 않을 것이다. 아예 없는 사람도 있을지 모른다. 조금 알고 지내다가 연락을 끊는 경우가 많다. 이해관계가 멀어지면 만남도 흐지부지 된다. 나는 사람을 오래 만나는 편이다. 상대방이 등을 돌리지 않는 한 내가 먼저 등을 안 돌린다.

꼭 보고 싶은 사람도 있다. 내가 좋아하는 분들이다. 그들의 스펙이 뛰어난 것도 아니다. 나처럼 보통 사람들이다. 인간성은 하나같이 좋다. 사람 냄새나는 사람들이다. 나중에 이들을 주인공으로 한 책도 한 권 내고 싶다. 제목은 '오풍연이 만난 사람들'로. 최소한 300명은 될 듯하다. 그럼 잘 살아온 걸까.

오풍연 칼럼방 회원들

오풍연 칼럼을 쓸 수 있는 것은 칼럼방 회원들이 있기 때문이다. 그래서 늘 고맙고, 감사한 마음을 갖고 있다. 현재 회원은 154명이다. 유료 밴드라서 회원제를 유지하고 있다. 모두 안 된다는 것을 정착시켰다. 처음 시작할 때 이같은 약속을 했다. "회원이 한 명만 있어도 글을 계속 쓰겠다"고. 지금까지 지켜왔다. 글을 읽어주는 회원이 있기에 가능했다.

"누가 글을 돈내고 보느냐" 특히 한국에서는 정착하기 어려운 구조다. 중앙일보 조선일보 등이 유료화를 시도했거나 시도 중이지만 반응은 차갑다고 한다. 공짜가 많은데 굳이 돈 내고 볼 이유가 있느냐는 것. 그러나 NYT는 유료구독자가 1000만명 수준이다. 종합지도 유료화가 어려운데 달랑 칼럼만 갖고 유료화를 했으니 모험치고는 큰 모험이었다. 그럼에도 오풍연 칼럼은 유료화에 성공했다고 할 수 있다. 회원 숫자는 중요하지 않다.

교육부차관을 지낸 이기우 총장님도 회원이 되셨다. 총장님과의 인연도 30년이 넘었다. 한마디로 대단한 분이다. 우리 교육의 산 증인이라고 할 수 있다. 남 평가에 넉넉하지 않은 이해찬 전 총리가 "백년에 한 명 나올까말까한 공무원"이라고 극찬한 분이기도 하다. 굉장히 유쾌하시다. 이 총장님 같은 회원이 여러분계시다. 오풍연 칼럼은 진행형이다.

평생 잘나갈 수는 없다

"네가 제일 잘나가"라는 노래 가사도 있다. 그러나 평생 잘나갈 수는 없는 게 진리이기도 하다. 살다 보면 부침이 있기 마련이다. 평탄하기는 어렵다는 뜻이다. 잘 나갈 때도 있고, 그렇지 않은 때도 있다. 특히 잘 나갈 때는 모른다. 계속 잘 나갈 수 있으리라 생각한다. 그러나 순간일 때가 많다. 하루아침에 폭망할 수도 있는 게 요즘 세상이다.

한때 잘 나갔던 사람들을 본다. 취재원이 많다. 장·차관 등 고위직을 지낸 사람도 있다. 그들의 현재는 부러울 정도가 못 된다. 고생하는 경우도 본다. 사람은 똑같기 때문이다. 따라서 잘 나갈 때 더 잘해야 한다. 무엇보다 겸손할 필요가 있다. 고개를 쳐드는 순간 복이 달아난다. 남을 위하는 마음이 먼저다. 오늘도 30여년 전부터 호형호제하는 형님이 다녀가셨다. 젊었을 때는 쩌렁쩌렁하며 살던 분이다. 올해 여든 살. 또한 나이는 속일 수 없다.

나는 초심을 잃지 않으려고 노력한다. 적어도 달라졌다는 소리는 듣지 말아야 한다. 지금도 똑같이 행동한다. 새벽부터 일어나 지인들과 안부를 묻는 것으로 하루를 시작한다. 가급적 내가 더 많이 연락하려고 신경 쓴다. 전화 역시 받는 것보다 거는 게 많다. 내가 먼저 손을 벌리면 된다. 소통하는데 자존심은 없다.

오라는 데가 많지만

"선배님, 형수님과 한 번 다녀가십시오" 강원도 평창에 사는 김석영 대표가 여러 차례 한 말이다. 새로 짓고 있는 집이 곧 준공되니 내려와서 바람 쐬고 올라가라는 것. 마음은 굴뚝 같다. 당장이라도 내려가고 싶다. 주중에 내려가기는 어렵고, 주말을 이용해야 하는데 그마저도 시간이 안 난다. 올해는 주말도 연말까지 빡빡하다. 가더라도 내년에나 갈 처지다.

그뿐이랴. 목포 사는 성보석 원장도 형수님과 내려와 쉬었다가 가라고 성화다. 성 원장의 영암 독천 별장을 말한다. 나는 최근 다녀왔다. 시골의 정취를 느낄 수 있어 휴식 공간으로 안성맞춤이다. 적막함도 즐길 수 있다. 교통이 나쁜 편도 아니다. 목포까지 KTX를 타고 가면 된다. 나머지는 성 원장이 알아서 안내한다. 아내도 목포는 한 번 가자고 한다.

어디를 가는 게 큰일이다. 아내의 건강이 좋지 않아서다. 정상적인 여행이 불가능하다. 따라서 장거리 여행은 엄두조차 못 낸다. 평창도, 목포도 쉽지 않다. 1시간 안팎의 거리가 적당하다. 건강할 때 많이 돌아다녀야 한다. 아프면 가고 싶어도 마음뿐이다. 여행도 마찬가지. 젊어서 노세.

오오회

어젠 청와대를 함께 출입했던 기자들과 저녁을 했다. 모임 이름은 오오회. 법무부 정책위원을 했던 여백회와 더불어 내가 가장 아끼는 모임이기도 하다. 멤버는 모두 다섯 명. 둘은 사정이 있어 오지 못하고 셋이 두 시간 여 얘기를 나눴다. 2000년 초부터 모임을 가져왔으니 20년 넘었다. 정기적 모임 대신 비정기적으로 1년에 서너 차례 만난다.

KBS 이선재, 연합뉴스 이래운, 매일경제 최기영, 국민일보 김진홍, 서울신문 오풍연 등 5명이 시작했다. 이선재는 KBS 보도국장·보도본부장과 불교방송 사장을 지냈다. 이래운은 연합뉴스 편집국장을 거쳐 한국케이블TV방송협회 회장으로 있다. 최기영은 신문사를 일찍 나와 명지대 교수로 있다가 정퇴직했다. 김진홍은 국민일보 편집인을 각각 지냈다. 전부 역할은 했던 셈이다.

내년 모임 날짜도 정했다. 1월 26일 저녁을 하기로 했다. 또 다섯이서 국내 여행도 갈 계획이다. 나이들면서 이런 모임이 있다는 게 좋다. 마음 맞는 사람끼리 어울리는 것은 축복이다. 앞으로 10년, 20년 모임이 지속되지 않겠는가. 예전에는 술을 많이 마셨는데 지금은 덜 마신다. 오랜만에 친구들을 만나 좋았다. 오오회여, 영원하리라.

고려대 해병대 호남향우회

한국은 독특한 문화가 있다. 끼리끼리 문화라고 할까. 그중에서도 고대 동문, 해병전우회, 호남향우회는 그 문화가 유독 강하다. 주변에서 뭐라고 하는 사람도 없다. 늘 그러니까 한다. 때문에 이들은 눈치도 안 보거나, 덜 본다. 좋은 점도 있고, 나쁜 점도 있다. 끈끈한 것을 나쁘다고 할 수는 없다.

나도 고려대 출신. 아내도 동문이다. 그러니까 우린 '캠퍼스커플'이다. 집으로 동문 회보가 온다. 동문 활동도 가장 활발하지 않을까 싶다. 고대를 다닐 때는 잘 모른다. 그러나 사회에 나와 보면 안다. 어느 학교보다 유대감이 강하다는 것을. 동문들이 일도 비교적 잘한다. 인사담당자들로부터 가장 좋은 평가를 받고 있기도 하다. 교직원공제회에도 고대 출신이 제일 많다고 한다.

해병대 역시 전우애가 살아 있다. 힘든 훈련을 함께 받은 터라 유대감이 더 강한 것 같다. 해병대 정신을 강조하곤 한다. 호남향우회는 전국에 걸쳐 촘촘히 조직돼 있다. 무엇보다 운영이 잘 되고, 참여율도 높다. 호남 출신들은 자부심이 강하다. 나도 호남에서 태어난 친구들이 많다. 인간적이어서 좋다. 내일은 전남 구례 지리산에 행사가 있어 당일치기로 다녀올 예정이다. 해피 데이!

친구의 완쾌를 빌며

아프면 참 서럽다. 남이 대신 아파 줄 수도 없기 때문이다. 환자뿐만 아니라 가족, 지인 등도 마음이 편치 않다. 그 심정은 아파본 사람만이 안다. 나도 작년 말부터 올 4월까지 세 번이나 입원했던 경험이 있다. 지금은 씻은 듯이 나았지만 그땐 정말 힘들었다. 이유는 지금도 모른다. 나는 통증을 계속 호소했고, 의사는 검사상 특별한 소견이 없다고 줄다리기를 했다. 병원 입원을 통해 많은 것을 깨달은 바 있다.

친구가 입퇴원을 반복하고 있다. 심장이 좋지 않은 까닭이다. 병원에서는 심장 이식 수술을 권한단다. 나도 그 방법이 좋겠다며 강력히 추천하고 있다. 최근에도 보름 가까이 입원했다가 어제 퇴원했다. 별별 검사가 많다. 자기 의지대로 하면 안 된다. 병원에서 하라는 대로 할 필요가 있다. 심장 이식에 필요한 검사를 한다고 할 수 있다. 아직도 병원 면회는 허용되지 않는다. 그래서 입원 중에도 통화만 한다.

내일 친구를 만나기로 했다. 점심 때 잠깐 볼 계획이다. 맛있는 것을 먹자고 했다. 입원 중에는 주로 죽을 먹었다고 한다. 다행이 퇴원 후에는 특별히 가려 먹으라고 한 것 같지는 않다. 삼계탕으로 몸 보신을 하려고 한다. 내가 해줄 수 있는 것이 없다시피 하다. 식사를 하면서 위로를 건넬 수밖에. 아프면 빨리 병원에 가야 한다. 병원을 가까이 해서 나쁠 것은 없다. 명심하자.

노익장

100세 시대라고 한다. 실제로 평균 수명이 80대 중반이다. 부음 소식을 접하면 90세 이상이 상당수다. 물론 100세를 넘은 경우도 있다. 그런데 정년은 60세. 정년이 가장 길어야 70이다. 대법원장과 헌재소장이 이에 해당된다. 정년을 조정해야 하지 않을까 싶다. 요즘 70은 한창이라고도 할 수 있다. 젊은이 못지 않게 건강하고, 정신도 맑다.

지인의 기쁜 소식을 듣는다. 이기우 총장님이 인천방송 신임 대표이사로 취임한다고 했다. 이 총장님에 대해서는 오풍연 칼럼을 통해 소개드린 바 있다. 대한민국서 가장 유능한 공무원이라고. 48년생으로 75살이다. 나랑 띠동갑이기도 하다. 정말 에너지가 넘치는 분이다. 경인방송이 사람 볼 줄 안다. 잘 모셔갔다. "이자리에 계시는 분들 덕분입니다. 열심히 해서 좋은 성과를 거두어 내겠습니다. 감사합니다." 총장님이 함께 하는 단톡방에 올린 글이다.

이 총장님은 역할을 하고도 남으실 것으로 본다. 그는 1967년 공직에 입문해 부산시 부교육감, 교육부 기획관리실장, 국무총리비서실장, 교육인적자원부 차관 등을 역임했다. 지난 2006년부터 2019년까지 제12~15대 인천재능대학교 총장을 지냈다. 말씀도 잘하신다. 인천방송의 앞날은 밝다고 하겠다. 이기우 시대를 열었으므로.

황당한 청첩장

애경사를 살펴본다. 그것은 품앗이 성격이 강하다. 인사를 받으면 인사를 하는 게 마땅하다. 보통 두 가지 일에 성의를 표시한다. 상을 당했거나 결혼식. 장례식장은 가급적 찾아가려 한다. 결혼식은 축의금만 보내는 경우가 더 많다. 요즘 작은 결혼식이 유행하는 것과 무관치 않다. 대신 인사치레는 성의껏 나타내면 된다.

오전 회의 중 카톡 진동벨이 울렸다. 이름은 아는 사람이었다. 아들이 장가간다며 모바일 청첩장을 보내왔다. 그런데 황당하다는 생각이 먼저 들었다. 그동안 일절 교류가 없었다. 만남은 물론 전화 통화조차 한 적이 없다. 이런 경우 어떻게 해야 할까. 웬만하면 작은 성의라도 표시하는데 그럴 마음이 내키지 않았다. 이런 행동은 결례다. 상대방도 헤아려야 한다. 특히 청첩장은 축하받을 일이다. 그렇다고 아무한테나 보내서는 안 된다.

마구 청첩장을 뿌리는 사람들이 있다. 그 속은 뻔하다. 축의금을 챙기겠다는 것. 애경사도 상식 선에서 치러야 한다. 축하받을 사람에게만 청첩장을 보내고, 함께 슬퍼할 수 있는 사람에게만 부음을 알려야 한다. 그게 사람의 도리다. 조금은 씁쓸한 오후다.

선물

선물을 많이 받는 편이다. 물론 주기도 하지만 받는 게 더 많은 것 같다. 늘 고맙고 감사한 마음으로 받는다. 얼굴조차 모르는 분들도 보내온다. SNS에 올린 글을 보고 보내주는 경우가 많다. 이는 SNS의 순기능이라고 할 수 있다. 서로 나누는 것. 아무래도 먹는 것을 주고 받는다. 요즘은 택배가 발달해 주문하면 그다음 날 배달된다. 참 좋은 세상이다.

얼마 전 사과를 한 상자 받았다. 내 아침 식사는 사과 한 개. 잘 먹고 있다. 오늘 퇴근해 집에 와서 보니 또 사과 한 상자가 배달돼 있었다. 밀양 얼음골 사과. 1~2달치 식량을 마련한 셈이다. 새벽에 사과를 먹으면 정말 맛있다. 아침 사과는 건강에도 좋다고 한다. 나는 사과 예찬론자다. 이처럼 아침으로 사과를 먹은 지 10년이 넘는다. 한꺼번에 몇 상자를 선물 받은 적도 있다. 그럼 대부분 나눠 준다.

선물은 그렇다. 받는 것도 좋지만 주는 기쁨은 더 크다. 무엇보다 함께 나누고자 하는 마음이 있어야 한다. 받기만 하면 얌체족과 다름없다. 밥을 많이 사라고 하는 것도 같은 맥락이다. 선물은 비싸지 않아도 된다. 정성을 담는 게 중요하다. 얼음골 사과를 하나 먹어볼 참이다. 보내주신 분을 생각하면서.

명퇴

오늘 아침에도 사업을 하는 동생과 얘기를 했다. "자네는 평생직장을 갖고 있으니 얼마나 좋으냐"고. 그렇다. 내 사업하는 사람 빼고는 늘 고용 불안에 시달린다. 언제 잘릴지 몰라서다. 평직원도, 임원도 마찬가지다. 회사서 나가라고 하면 방법이 없다. 울며 겨자먹기로 짐을 싸야 한다. 직장인, 월급쟁이의 운명이라고 할 수 있다.

대부분 직장의 정년은 60세다. 그러나 정년을 채우기 어려운 것도 사실이다. 일반 기업의 경우 정년 전에 내보내기 일쑤다. 나가게끔 분위기를 만든다. 인사 조치를 취하기도 한다. 기업은 아량이 없다. 그것을 기대하는 게 우습다. 명퇴를 실시하는 기업이 많다. 80년대생도 대상이라고 한다. 40대 초반에 회사를 떠나라니 눈앞이 캄캄할 터. 이게 현실이다.

명퇴를 피하는 방법이 있기는 하다. 내 발로 회사를 나오는 것. 나도 그런 경험이 있다. 2012년 서울신문 국장으로 있을 때 사표를 던지고, 사장에 도전했다. 당시 나이 53살. 그러다 보니 서울신문에 대한 애정이 식지 않았다. 명퇴 등으로 나오면 그런 마음을 갖기 어렵다. 예전 다니던 회사 방향으로 오줌도 누지 않는다는 얘기가 있다. 이는 감정이 있다는 뜻이다. 주변에 명퇴 얘기가 많이 들린다. 슬픈 계절이다.

회장님 기다리고 있습니다

새벽 3시 반쯤 휴대폰이 울렸다. 이 시간에 전화 거는 사람은 딱 한 사람밖에 없다. 역시 광교신문 지용진 대표였다. 대뜸 "내가 일어난 것 어떻게 알았느냐"고 물었다. 카톡을 읽어서 깬 줄 알았다고 했다. 이처럼 지 대표와는 이 시간에 종종 통화를 한다. 특별한 얘기를 하는 것도 아니다. 그냥 안부를 주고받는다.

지 대표에 대해서는 여러 차례 얘기한 바 있다. 내 은인이기도 하다. 작년 11월 나를 맨 처음 병원에 데려다준 친구이기도 하다. 68년생으로 나보다 여덟 살 적다. 내가 광교신문 회장을 하기도 해 나를 회장님이라고 부른다. 회장은 타이틀뿐이다. 광교신문에 듣는 오풍연칼럼을 선보였었다. 선풍적 인기를 모으기도 했다. 오풍연 칼럼을 AI가 읽어주는 것.

"공제회를 마치고 돌아오십시오." 3년 임원 임기가 끝나면 예전처럼 오풍연 칼럼을 쓰라는 뜻이다. 빈말이라도 고맙다. 그러나 지 대표는 진정성이 있다. 용인 광교신문 사무실에 내 자리가 있기는 하다. 회장 명패도 있다. 나도 마음이 없지는 않다. 다시 본업으로 돌아가기 때문이다. 기자는 영원한 기자다.

초등 반창회

나는 시골서 초등학교 5학년까지 다녔다. 충남 보령시 청라면 청라초등학교다. 당시 제법 큰 학교였다. 한 학년에 3개 반이 있었다. 나는 5학년 2반 반장을 했다. 1학년부터 계속 반장을 했던 것 같다. 그래서 지금도 반장이라고 부르는 친구들이 있다. 지금 나이는 64~66살이다. 9살, 10살에 입학한 친구들도 있어서다.

초등학교 같은 반 친구들과 모임을 하고 있다. '청우회(靑友會)'가 그것이다. 멤버는 모두 10명. 한 친구는 몇 해 전 먼저 갔다. 1년에 두 번 정기적으로 만난다. 나는 못 갔지만 외국 여행도 다녀왔다. 초등 친구들을 만나면 그냥 좋다. 옛날 그대로다. 모두 순진하다. 여자 동창은 없다. 12월 2일 신도림서 만난다. 둘은 사정이 있어 참석하지 못하고 8명이 나올 예정이다.

중·고·대학 동기들과는 따로 정기 모임이 없다. 모임이란 그렇다. 회비를 내야 계속 만날 수 있다. 회비는 매달 내는 게 가장 좋다. 고등학교 동기 모임은 연회비만 낸다. 대학의 경우 연락이 닿는 친구가 거의 없다. 이는 불행한 일이다. 만남은 많을수록 좋다. 그러나 돈 주고도 살 수 없는 게 관계다. 관계의 연장이 바로 만남이다. 초등 모임은 기초 단위라 할 수 있다.

예전 형님으로 돌아왔네요

출근하면서, 퇴근하면서 지인들과 통화를 자주한다. 10~20분 동안 전화를 할 수 있다. 어제도 집에 오면서 대학 후배에게 전화를 했다. "형님 예전 모습으로 돌아온 것 같아 좋습니다"라고 했다. 그러면서 10년 이상 내 페이스북 글을 봐 왔다고 했다. 글에도 그 사람의 모습이 그려진다. 무슨 생각을 하는지, 어떻게 사는지 알수 있다.

후배의 말처럼 요즘 컨디션이 좋다. 1년 전의 내가 아니다. 그때는 정말 힘들었다. 원인 모를 옆구리 통증으로 잠도 못 자고, 식사도 거의 못 했다. 1년가량 고생을 했다. 이 기간 중 세 번이나 입원하기도 했다. 칼럼을 쓰더라도 힘에 부쳤다. 글에 생기가 있을 리 없었다. 지금은 완전히 달라졌다. 새벽에 일찍 일어나는 게 그 증거다. 새벽 2~3시면 기상한다. 사과 하나, 커피 한 잔 먹고 하루를 시작한다. 그래야 정상이다.

요즘은 하루 평균 3~5개의 짧은 칼럼을 쓴다. 한창 글을 쓸 때 그랬다. 즐거운 마음으로 글을 쓴다. 물론 힘도 뺀다. 물 흐르듯 써 내려간다. 그런 기운이 느껴진다는 얘기다. 나는 소재의 제약을 받지 않는다. 단어 하나만 있으면 엮는다. 오풍연의 글쓰기다.

그리운 분들

만나고 나면 또 보고 싶은 사람들이 있다. 나는 특히 사람을 좋아한다. 공제회에 들어온 이후 외부 약속을 거의 못하거나 최소한에 그치고 있다. 이죽희·오재호 교수님, 조민자 선생님도 그런 분들이다. 오풍연구소를 통해 인연이 닿은 분들이다. "모두 안녕하시지요?? 오랜만에 안부 인사드려요^^ 올 한해도 아주 잘 빨리 끝나가고 있네요~~^^" 조 선생님이 이 같은 메시지를 띄웠다.

이 세 분과 종종 모임을 가졌다. 모두 훌륭한 분들이다. 이 교수님은 76살, 오 교수님은 70살이다. 조 선생님은 59살. 내가 12월 중 점심이나 한 번 하자고 했다. 현직에 있는 조 선생님 방학이 12월 28일이라 시간이 없었다. 그래서 내년 1월 3~5일 중 저녁을 하기로 했다. 점심을 하면 시간이 촉박해 저녁으로 바꿨다. "저희가 오풍연 이사님 환영회를 못 해 드렸네요. 물론 이사님 일정이 빡빡한 탓도 있습니다만…" 이 교수님의 댓글이다.

이 모임 역시 가장 아낀다. 법무부 정책위원 모임인 '여백회', 청와대 출입기자 모임인 '오오회'와 함께. 올 연말 모임도 못 나간다. 아내가 왼쪽 어깨를 다쳐 돌봄을 해야 하는 까닭이다. 낮에는 아내 후배가 와 보살펴준다. 누굴 만나고 싶어도 마음대로 못 만난다. 그게 제일 아쉽다.

마침내 15번째 책 작업에 나서며

나는 결심이 섰다 하면 바로 행동에 들어간다. 이것저것 재지 않는다. 오늘 새벽에도 그랬다. 광교신문 지용진 대표와 의기투합했다. 나의 15번째 책은 지 대표가 내기로 했다. 앞서 지 대표는 '혜민'이라는 출판사를 등록했다. 내 책이 나오면 1호인 셈이다. 혜민은 스타트업이라고 할 수 있다. 오풍연과 지용진·신용섭 등 셋이 뭉쳤다. 한국 출판계서 주목받을지도 모른다.

책 내용은 거창하지 않다. 오풍연이 사는 얘기를 소개하는 형식이다. 대단한 위인도 아닌데 뭘 그런 것 갖고 책을 내느냐고 하는 사람도 있을 것이다. 그러나 내 생각은 조금 다르다. 보통 사람의 삶 자체를 문학으로 보기 때문이다. 글의 분량도 아주 짧다. 글 한 개당 500자 안팎이다. 오풍연이 만든 장편(掌篇) 에세이다. 쉽게 읽을 수 있다. 그리고 100% 창작이다.

책은 그렇다. 쓰는 사람이 있으면 읽어주는 사람이 있어야 한다. 독자들이 고마운 이유다. 내 책이 공감은 받을 것으로 본다. 지극히 소시민인 까닭이다. 내 책을 보고 나도 작가가 될 수 있겠다는 생각을 했으면 좋겠다. 소재 역시 평범하다. 많은 성원 부탁드린다.

멋진 아우

나는 호남 출신을 좋아한다. 그들은 어느 지역보다 정이 많다. 충청도에서 태어난 나도 호남 출신인 줄 아는 사람들이 많다. 김대중 정부서 청와대 출입기자단 전체 간사를 하고, 호남 출신 인사들과 친하게 지내서다. 실제로 정치인 가운데는 진도 출신인 박지원 전 국정원장과 가장 가깝다. 오늘도 전남 벌교가 고향인 아우가 사무실을 다녀갔다.

나보다 한 살 어린 동생이다. 사회서 한두 살 차이는 친구로 지내는데 나를 깍듯이 형님 대접한다. 내 바로 밑 친동생도 한 살 아래다. 둘은 61년생 소띠다. 나는 60년생 쥐띠다. 이 동생은 광주상고를 나왔다. 국민은행에 들어와 몇 군데 지점장을 한 뒤 명퇴했다. 지금은 쉬고 있다. 먼저 성수동 고문으로 있던 회사에는 자주 와 점심을 함께하곤 했다.

동생은 참 인정이 많다. 또 뭘 나눠 먹는다. 올해도 동생에게서 벌교쌀 20kg과 단감 한 박스를 얻어먹었다. 꼬막쌀도 주겠단다. 이 친구 형님이 직접 지은 농산물이다. 오늘도 빈손으로 오지 않았다. 예쁜 화분을 들고 왔다. 30~40분가량 얘기만 하고 그냥 갔다. 점심식사는 내년에 하기로 했다. 올해는 약속이 꽉 차서.

페이스북을 3년간 중단한 이유

SNS 스타라는 말도 들었던 나다. 특히 페이스북을 통해 내 생각과 일상을 공유했었다. 그랬던 내가 뚝 끊었다. 페북에 일절 글을 올리지 않고 있다. 물론 댓글을 달거나 좋아요도 누르지 않고 있다. 이를 궁금해하는 사람들이 많을 것이다. 공제회 상임이사로 취임한 지난 7월부터 그랬다. 당시 공제회 노조원들과 약속을 했다. 오늘 이 시간부로 페이스북을 하지 않겠다고.

나는 약속을 하면 철저히 지킨다. 약속은 지키라고 있는 법. 3년 후 공제회를 나온 뒤 다시 시작할 계획이다. 사실 페이스북은 내 분신과 같았다. 있는 그대로를 가감 없이 공개했다. 때문에 너무 리얼하지 않느냐는 얘기도 들었다. 때론 아슬아슬하다고 했다. 페북을 중단한 이유이기도 하다. 정치적 이슈에 대해서도 솔직하게 짚었다. 그러다 보니 논란을 낳기도 했다. 공제회는 준 공기업이라고 할 수 있다. 그래서 3년간 쉬기로 했다.

그렇다고 페이스북을 안 보는 것은 아니다. 글만 쓰지 않는다. 페이스북이 우리의 일상에 너무 깊숙이 들어와 있다. 내 생각이 중요하면 남의 생각도 그에 못지않게 중요하다. 따라서 페이스북을 놓고 있을 수는 없다. 거기에는 모든 것이 들어 있다. 나는 페북 예찬론자다.

지인들은 내년에나

공제회에 들어온 이후 시간 내기가 참 어렵다. 예전에는 월·수 이틀만 출근해 사람들을 편하게 만났다. 또 조찬을 종종했다. 그러나 지금은 아침도, 점심도 여의치 않다. 아침 8시 출근해 약속을 잡을 수 없다. 저녁은 거의 하지 않으므로 시간을 쪼개 써야 한다. 또 출장도 잦다 보니 시간이 빡빡하다. 다른 사람들은 이 같은 사정을 모를 터. 양해를 구하는 수밖에 없다.

올해는 12월까지 약속이 꽉 찼다. 지인들과의 약속은 최소화하고 있다. 한 달에 두세 번이 고작이다. 이것도 한두 달 전 잡아 놓은 것들이다. 공제회 회원사업 파트 직원들과 점심을 하기 위해서다. 전체 직원들과 점심을 하자고 약속했다. 처음에는 다소 오해도 받았다. "왜 밥을 먹자고 하지." 지금은 그 오해도 풀렸다. 밥을 먹으면서 얘기하는 게 가장 편하다. 식사 정치도 그래서 나왔다고 볼 수 있다.

11월도 외부인과의 약속을 세 번 잡았다. 6일에는 옛날부터 알던 형님과 서울신문 논설위원으로 있는 후배가 찾아온다. 7일에는 청와대를 함께 출입했던 기자 4명과 저녁을 함께 한다. 지금은 모두 신문사나 방송국을 나왔다. OB가 된 셈이다. 그 밖의 지인들과는 주말에 약속을 잡는다. 내년 약속도 잡기 시작했다. 올해 만날 수 없으니 내년에 보자고 한 것. 어쨌든 약속은 기대를 낳는다.

영원한 강자는 없다

오늘 아침에도 친구와 통화하면서 이런 얘기를 했다. "친구는 오너라 자리 걱정할 일은 없다"고 했다. 그렇다. 오너를 빼고는 모두 임시직이라고 할 수 있다. 나가라고 하면 바로 보따리를 싸야 한다. 그것은 삼성전자 부회장도 마찬가지다. 인사권자는 오너 한 사람이다. 오늘 눈에 띄는 기사 중 LG 권영수 부회장이 물러난다는 소식이 있었다. 그는 자타가 공인하는 LG맨이다.

권 부회장은 고 구본무 회장이 있을 때도 주목받았던 전문 경영인이다. LG의 2인자라고 할 수 있었는데 물러난다. 자의인지, 타의인지는 모르겠다. 스스로 그만두겠다는 사람은 거의 보지 못했다. 1957년생인 권 부회장은 1979년 LG전자에 입사해 요직을 두루 거쳤다. 2018년 구광모 LG그룹 회장 취임 이후 LG 최고운영책임자(COO)를 맡아 그룹 안정화에 기여했다. 2021년 LG에너지솔루션으로 자리를 옮겨 배터리 수주 확보와 기업공개(IPO) 등을 이끌었다.

내로라하는 전문 경영인도 결국 물러난다. 주인이 아닌 까닭이다. 나는 그래서 우스개소리를 자주 한다. "구멍가게라도 내 사업을 하라"고. 그럼 정년 걱정도 없다. 영원한 현역으로 남을 수도 있다. 내가 인터넷신문 오풍연닷컴을 만들었던 이유이기도 하다. 나는 영원한 현역을 꿈꾼다.

빈말

사람들은 지키지 못할 말을 많이 한다. 빈말이라고 할 수 있다. 안 지켜도 뭐라고 하지 않기에 태연하게 말한다. 가장 자주 하는 말이 있다. 밥 한 번 먹자, 운동 한 번 하자고 한다. 이는 그냥 하는 말이 많다. 수첩을 꺼내 약속을 잡자고 하면 당황하기도 한다. 인사치레로 건넨 말인데 진짜인 줄 알고 날짜를 잡자고 하니 말이다.

나도 빈말을 많이 들었다. 기자 생활을 할 때의 얘기다. 나에게 자동차를 사 주겠다고 하는 사람이 최소 10명은 된다. 나는 그럼 고맙다고 한다. 지키지 못할 약속인 줄 알기 때문이다. 도와주는 사람은 말없이 행동한다. 2016년 10월 기자 생활을 마쳤다. 어디 갈 데를 정해놓지 않고 그만뒀다. 당장 갈 곳이 없었다. 그런데 딱 한 사람 연락이 왔다. 행복에너지 권선복 대표다.

"형님 자리를 만들어 놓았으니 와서 편히 쉬십시오"라고 했다. 출판사 한 켠에 책상 하나, 의자 한 개를 놓아주었다. 방을 만들어 주겠다고 큰소리쳤던 사람이 연락을 해오지 않음은 물론이다. 권 대표가 마련해준 자리에는 3번 갔다. 그리고 한 달도 안 돼 휴넷 이사가 돼 자리를 옮겼다. 나는 권 대표에게 늘 고마운 마음을 갖고 있다. 요즘도 자주 연락하는 이유다.

70년대생 전성시대

세대는 바뀐다. 한 세대가 계속 누릴 수는 없다. 그러면서 역사는 발전한다. 연말을 맞아 그룹 인사가 속속 발표되고 있다. 5대 그룹 중 LG가 가장 먼저 뚜껑을 열었다. 여기서 하나의 현상을 발견한다. 완전한 세대교체다. 특히 임원 승진 인사의 경우 92%가 70년대생이라고 한다. 이제 60년대생은 한물갔다고 할까.

엘지에너지솔루션과 엘지이노텍은 각각 1969년생 김동명 사장, 1970년생 문혁수 부사장을 최고경영자로 임명했다. 고 구본무 선대회장이 발탁해 엘지에너지솔루션의 배터리 사업을 일군 권영수 부회장은 물러났다. 1957년생인 권 부회장과 신임 김 사장의 나이 차는 12살에 이른다. 70년생 CEO도 나왔다.

올해 그룹 전체에서 승진한 임원 중 1980년생은 5명이다. 신규 승진 임원 99명 중 5.1%다. 현재 그룹 전체에서 1980년대생 임원 수는 총 15명이다. 올해 신규 임원 평균 연령은 49살이며 92%(91명)가 1970년대생이다. 세대교체가 완전히 이뤄진 셈이다. 다른 대기업 역시 비슷한 추세를 보이지 않을까 생각한다. 서글퍼지는 60년대생이다.

구경회 형님

오늘 새벽 구경회 형님과도 통화를 했다. 새벽 4시 1분부터 7분가량 근황을 물었다. 형님은 나랑 띠동갑. 48년생이다. 서울신문에서 함께 근무했다. 나는 기자, 형님은 업무직이었다. 고향도 같은 충남이다. 형님 칠순 기념식에도 참석한 바 있다. 아들만 둘. 큰아들은 공사를 나와 소령으로 있고, 작은아들은 고대를 졸업한 뒤 캐나다로 이민을 갔다.

형님은 의지의 한국인이다. 암 등 큰 수술을 여러 차례 받았다. 생사의 고비를 넘기기도 했다. 위는 거의 드러냈다고 한다. 식사를 잘 못함은 물론이다. 특히 잠을 못 잔단다. 침대에 눕지 못하고, 거실 소파에서 잔다고 했다. 누워 자면 음식물이 올라와 앉아서 잔다는 것. 깊은 잠을 잘 리 없다. 30분~1시간 단위로 자주 깬다고 했다. 얼마나 힘들겠는가.

나는 가끔 형님께 전화를 드린다. 빨리 회복해서 동생 만나러 여의도 나들이 한번 하시라고. 그럼 형님은 꼭 나오시겠다고 말씀한다. 그 약속이 이루어지리라고 본다. 형님은 의지의 한국인이어서.

 오풍연행복론

나작가

'나도 작가가 될 수 있다.' 그렇다. 작가는 누구의 전유물도 아니라는 뜻이다. 의지만 있으면 책을 쓸 수 있다. 누구든지 작가가 될 수 있다. 물론 여러 장르가 있다. 시나 소설은 작법 등 기초 지식이 필요하다. 그러나 에세이집은 누구나 낼 수 있다. 내가 생각하는 책은 이렇다. 나는 삶 자체를 문학이라고 생각한다. 문학이 거창할 이유도 없다. 소소한 우리네 이야기도 훌륭한 문학 소재가 된다. 그런 점에서 일기도 문학이 될 수 있다.

나는 지금까지 15권의 책을 냈다. 이 중 13권이 에세이집이다. 그것도 책이냐고 하는 사람들이 있었다. 아주 소소한 일상을 소개하고 있기 때문이다. 내 책을 읽으면 자신도 작가가 될 수 있다는 생각이 들 게다. 우리네 사는 얘기를 풀어 놓아서다. 나도 작가가 된 계기가 있었다. 서울신문 법조대기자로 있다가 펜을 빼앗겼다. 김대중 정부 때 청와대 출입기자로 잘 나갔다는 게 이유였다.

인사는 어쨌든 따라야 한다. 펜을 빼앗겼다고 가만히 있을 내가 아니었다. 그 돌파구를 찾은 게 책을 내는 일이었다. 2009년 여름 무렵 21세기북스에 원고를 보냈다. 그랬더니 며칠 후 연락이 왔다. 책을 진행하자고 했다. 선인세도 100만원 받았다. 나의 처녀작 '남자의 속마음'이 나온 과정이다. 그 뒤에도 글쓰기를 게을리하지 않았다. 뭐든지 꾸준해야 한다. 그럼 작은 결실이라도 거둔다. 세상 사는 이치다.

사과 예찬

나의 아침 주식은 계절 과일이다. 밥이나 빵을 먹는 대신 과일을 먹는다. 올해도 그랬다. 맨 먼저 먹는 과일은 딸기. 그러나 딸기는 오래 먹지 못한다. 그다음은 참외. 참외도 마찬가지다. 복숭아도 많이 먹어야 한 달이다. 얼마 전부터 사과를 먹는다. 오늘은 4시에 일어났다. 눈을 뜨자마자 사과부터 하나 깎아 먹었다. 큰 사과를 하나 다 먹는다. 맛있다.

9월 중순부터 이듬해 3월까지는 거의 사과로 아침을 때운다. 사과는 잘 보관해 싱싱한 맛을 유지할 수 있다. 그런데 올해는 사과값이 금값이라고 했다. 수확이 안 좋아 그렇단다. 사과 1개에 6000~7000원 한다니 선뜻 지갑을 열기가 어려울 듯싶다. 그렇더라도 사 먹을 수밖에 없다. 아침은 먹어야 하기에.

사과가 어디에 좋은지는 모르겠다. 이 같은 식단을 15년 이상 유지해와 바꾸기도 어렵다. 가볍게 아침 식사를 해서 그런지 점심은 정말 맛있게 먹는다. 점심은 11시 반쯤 먹으러 나간다. 점심이 매일 기다려지는 이유이기도 하다. 오늘 점심은 뭘 먹을까. 날마다 고민하니 그것 역시 행복이다.

손흥민, 한국 축구 역사를 쓰다

축구 선수 손흥민. 한국이 배출한 선수 중 최고가 아닌가 싶다. 차범근·박지성을 능가한다고 해도 과언이 아니다. 실적이 그것을 말해준다. 오늘 200번째 골을 터뜨렸다. 유럽 무대서 수확한 결과다. 대단한 업적이 아닐 수 없다. 이제 300호 골에 도전하리라 본다. 날마다 한국 축구 역사를 쓰고 있다. 단연 슈퍼스타다. 덩치가 큰 유럽 선수들 속에서도 빛난다. 보석이 따로 없다.

그는 추석 연휴 중 고국의 팬들에게 큰 선물을 안겼다. 손흥민은 1일(한국시간) 영국 런던의 토트넘 홋스퍼 스타디움에서 열린 리버풀과 2023-2024 EPL 7라운드 홈경기에서 전반 36분 득점에 성공했다. 6라운드 아스널전에서 멀티 골을 터트렸던 손흥민은 이번 득점으로 2경기 연속 골을 기록, 이번 시즌 정규리그 득점을 6골로 늘렸다. 7경기에서 여섯 골을 뽑았다. 놀랄만한 득점력이다.

손흥민은 모든 면에서 칭찬할 만하다. 선수 생활도 모범적으로 하고 있다. 스캔들도 없다. 리더십도 뛰어나다. 토트넘에서 주장을 맡고 있다. 그의 선행도 세계적 선수답다. 여기저기 기부를 많이 한다. 우리나라 선수 가운데 그만큼 기부를 한 사람은 찾아보기 어렵다. 손흥민이 또 어떤 역사를 쓸지 모르겠다. 대한민국의 자랑이다.

자존심

사람들은 모두 잘난 맛에 산다. 자기 스스로 못났다고 하는 사람들을 보지 못했다. 사람들이 죽지 않고 사는 이유라고 할 수 있다. 만약 못났다고 생각하면 명대로 살지 못할 것이다. 일찍 생을 마감하는 경우다. 누구에게나 자존심이 있다. 그것을 건드리면 순한 사람도 화를 낸다. 따라서 자존심에 상처를 주는 말 등은 하지 말아야 한다. 자존심이 뭐길래.

나는 30년간 기자 생활을 했다. 언론계 밥을 먹으며 청춘을 거의 다 보냈다고 할까. 기자 가운데 특히 가까운 사람은 없다. 서울신문 선배들은 더러 만난다. 그러나 후배 중 계속 연락하는 친구는 없다. 불행한 일이 아닐 수 없다. 한솥밥을 오래 먹었는데도 말이다. 대신 사회서 만난 분들과는 오랫동안 관계를 유지하고 있다. 내가 먼저 등을 돌리는 일이 없다 보니 많은 분들을 만나고 있다.

기자들은 특히 자존심이 강하다. 퇴직한 이후에도 잘 바뀌지 않는다. 때문에 외톨이로 지내는 사람도 본다. 그렇다. 사람도 안 만나다 보면 대인기피현상이 생긴다. 무서운 병이라고 할 수 있다. 나이들수록 자존심을 버려야 한다. 그냥 허허하면서 웃고 지내야 한다. "내가 왕년에 이랬는데" 하면 안 된다. 그런 얘기는 누구도 좋아하지 않는다. 지금이 가장 중요하다. 자존심을 내려놓자. 그래야 함께 어울릴 수 있다.

공한증(恐韓症)

한국 축구는 강했다. 중국은 우리의 적수가 되지 못했다. 아니 우리 선수들이 너무 잘했다. 5만 명이 중국을 일방적으로 응원했지만 우리 선수들은 그럴수록 더 잘 싸웠다. 주도권을 한 번도 빼앗기지 않았다. 실력에서 월등했다. 결과는 2대0 완승. 중국은 공격다운 공격을 하지 못했다. 우리가 틈을 주지 않아서다. 중국 선수들은 거칠었다. 공한증(恐韓症)을 그대로 드러낸 경기였다. 중국 선수들은 경기 내내 얼어 있었다.

프리킥 한 방으로 끝낸 경기였다. 전반 18분 홍현석이 그림 같은 왼발 프리킥으로 골을 터뜨리자 경기장은 순식간에 얼어붙었다. 정말 멋진 골이었다. 중국 골키퍼도 몸을 던졌지만 공은 곡예를 부리듯 골망을 흔들었다. 홍현석은 관중석 쪽을 바라보며 손가락을 입에 갖다 대는 '쉿' 세레머니를 펼쳤다. 중국 관중들은 득점자 홍현석의 이름이 호명되자 야유를 보냈지만, 분위기는 한국으로 완전히 넘어간 후였다. 이 한 방 이후 중국은 갈피를 못 잡았다.

추석 연휴 중 최대의 선물이었다. 황금 시간대에 경기를 치러 더 많은 국민들이 보면서 열광했다. 한마디로 통쾌했다. 황선홍 감독과 우리 선수들에게 박수를 보낸다. 스포츠는 국민 사기를 올리는데 최고다. 그중에서도 축구만한 종목은 없다. 우리 선수들이 금메달을 딸 것으로 본다. 모든 선수들이 듬직하다. 몸동작도 빨랐다. 현대 축구는 빨라야 한다. 기교도 빠르기에 못 당한다. 브라보 한국 축구!

유해란, LPGA서 첫 승을 거두다

내가 사람 보는 재주는 좀 있다. 될성부르다 싶으면 반드시 성공을 한다. 여자 골프 선수 유해란도 그중의 하나다. 국내 리그서 뛸 때 그를 처음 보았다. 물론 TV 중계를 통해서다. 체격도 크고, 샷이 일정했다. 시원시원한 모습이 보기 좋았다. 공도 멀리 보낸다. 장타라는 얘기다. 무엇보다 안정감이 있었다. 2001년 생으로 22살. 앞으로가 더 기대된다고 하겠다. 미국으로 건너가 20경기 만에 첫 승을 거뒀다. LPGA를 제패한 셈이다.

유해란은 2일(한국시간) 미국 아칸소주 로저스의 피너클 컨트리클럽(파71)에서 열린 LPGA 투어 월마트 NW 아칸소 챔피언십(총상금 230만 달러) 최종 라운드에서 5언더파 66타를 쳐 3라운드 최종 합계 19언더파 194타로 우승했다. 올해 LPGA 투어에 뛰어든 유해란은 데뷔 이후 20번째 출전한 이 대회에서 처음 우승 트로피를 손에 넣었다. 신인왕 레이스 1위를 달리는 유해란은 이날 우승으로 신인왕을 거의 굳혔다.

유해란의 우승은 뒤늦은 감이 없지 않다. 한국여자프로골프(KLPGA)투어에서 신인왕을 차지했고 통산 4승을 쌓은 뒤 작년 LPGA 퀄리파잉 시리즈에서 수석 합격해 일찌감치 LPGA투어에서 통할 선수라는 평가를 받았다. 이 대회 전까지 톱10 입상 5번으로 꾸준한 성적을 냈지만 우승 문턱을 넘지 못했던 유해란은 이번 대회에서는 샷과 경기 운영에서 모두 무결점에 가까운 경기 끝에 '와이어투와이어' 우승을 일궈냈다.

미국 LPGA도 한 번 우승하기가 어렵다. 이제 우승도 했으니 더 많은 트로피를 들어 올릴 것으로 본다. 내년은 유해란의 해가 될 게 틀림없다. 이번처럼만 한다면.

현대기아차 미국서 더 팔린다는데

한국도 자동차 생산 대국이다. 미국 일본 독일 등과 어깨를 나란히 한다. 한국에 삼성전자가 있다면 현대기아차도 있다. 현대기아차는 새롭게 떠오르는 강자다. 자동차는 현대 기술의 종합판이라고 할 수 있다. 전자 통신 등 최첨단 기술을 망라한다. 신기술의 경연장인 셈이다. 자동차를 타 보면 알 수 있다. 하루가 다르게 신기술이 도입된다. 자동차 최대 시장은 미국. 거기서 현대기아차가 자리를 굳혀 가고 있다. 일본차도 앞지를 기세다.

2일 현대차그룹에 따르면 현대차·기아의 올해 상반기(1월~6월) 전 세계 판매량은 365만8000대로 집계됐다. 이 중 미국 내 판매량은 85만9000대로 비중은 23.5%에 달했다. 이로써 미국은 한국을 제치고 현대차 신차가 가장 많이 팔린 최대 판매 지역으로 부상했다. 미국 다음으로는 한국(18.9%) 유럽(17.5%) 등의 순이었다. 기아의 미국 판매 비중도 26.3%로 집계됐다.

차종별로는 하이브리드(HEV) 라인업을 갖춘 준중형 스포츠유틸리티차량(SUV) 투싼(10만591대)이, 같은 차급 SUV인 스포티지(7만1889대)가 현대차, 기아의 최다 판매 모델이었다. 현대차의 고급 브랜드인 제네시스도 미국 시장에서 판매 호조를 이끌었다. 제네시스의 올 상반기 미국 판매량은 3만1234대였다. 작년 동기 대비 21.7% 증가했다. 이러한 판매량은 반기 기준으로 보면 가장 많은 판매량이다.

이제 한국차는 싼 차가 아니다. 제값을 받고 판다. 소형차에서 준중형, 대형차로 바뀌고 있다. 특히 제네시스는 벤츠 BMW 렉서스와 치열한 경쟁을 펼치고 있다. 어느새 한국이 자동차 강국으로 올라섰다. 기분 좋은 일이다. 브라보 현대기아차!

신유빈 마침내 금메달 목에 걸었다

더 이상 이쁠 수가 없었다. 해맑은 웃음은 백만불 짜리. "유빈이가 제일 예쁘다" 추석 때 세종 갔더니 형님이 이 같은 말을 했다. 전국민이 유빈에게 박수를 보냈다. 그에게 미운 구석은 찾아보기 어려웠다. 국민 여동생으로 올라섰다. 마치 가수 아이유가 모든 국민으로부터 사랑받듯이 유빈이도 그랬다. 유빈이는 15살 때부터 태극 마크를 달았다. 탁구 천재라고 할 수 있다. 신유빈은 19살. 앞으로도 그의 시대가 열릴 것으로 본다. 계속 성장하고 있기 때문이다.

신유빈-전지희 조는 2일 중국 저장성 항저우의 궁수 캐널 스포츠파크 체육관에서 열린 여자 복식 결승에서 북한의 차수영-박수경 조를 4-1(11-6 11-4 10-12 12-10 11-3)로 물리쳤다. 금메달을 목에 건 순간이다. 냉정을 잃지 않던 유빈이도 눈물을 흘렸다. 말 그대로 기쁨의 눈물이었다. 둘은 띠동갑. 전지희는 31살이다. 큰 언니와 막내 여동생이 조를 이뤄 아시아(세계)를 제패한 셈이다. 중국 출신으로 2011년 한국 국적을 얻은 전지희는 중국에서 열린 대회에서 자신의 첫 아시안게임 금메달을 따내는 기쁨을 누렸다.

'탁구 신동' 신유빈은 처음 태극마크를 단 2019년부터 띠동갑 전지희와 짝을 이뤘다. 이후 4년 동고동락하며 호흡을 맞췄다. 2021 도하 아시아선수권 금메달을 합작하며 한국 여자 탁구 '최강 콤비'로 거듭났다. 이날도 12살 차이 띠동갑인 신유빈과 전지희의 콤비 플레이가 빛났다. 1, 2게임을 연달아 따낸 신유빈-전지희 조는 3게임을 북한에 내주며 흔들리는가 했지만, 찰떡 호흡으로 상대 공격을 차단했다. 신유빈-전지희 조는 4게임을 듀스 승부 끝에 잡아내며 다시 흐름을 가져왔다.

북한 선수들도 잘 싸웠다. 하지만 실력 차이가 났다. 승부의 세계는 냉정하다. 승자가 있으면 패자가 있기 마련이다. 남북 대결에서 이겨 더욱 감동을 자아낸 경기였다.

강신호 권노갑 이길여

사람은 누구든지 오래 살고 싶어 한다. 아니라고 하면 거짓말이다. 그러나 죽는 데는 순서가 없다. 나 역시 90살이 목표다. 100세 시대라고 하지만 90이면 족할 듯하다. 내가 부러워하는 사람들이 있다. 나이보다 훨씬 젊어 보이거나 건강한 사람이 그들이다. 요즘은 90 넘어서도 골프를 친다. 예전 같으면 상상하기 어려운데 주위에서 종종 본다.

기사를 검색하다 보니까 강신호 동아제약 명예회장이 오늘 별세했다는 소식이 눈에 띈다. 1927년 생으로 96세. 오래 사셨다. 몇 해 전 안양컨트리클럽에 갔다가 그를 본 적이 있다. 당시 80대 후반쯤으로 여겨진다. 운동을 마친 뒤 클럽하우스에서 지인들과 식사를 하며 와인을 마시고 있었다. 그 모습이 참 보기 좋았다. 강 회장이 언제까지 필드에 나갔는지는 모르겠다. 돌아가시기 전까지 골프를 하지 않았나 싶다.

노익장을 과시하는 분 중 권노갑(93) 고문과 이길여(91) 가천대 총장도 빼놓을 수 없다. 두 분 다 지금도 골프를 치고 있다. 권 고문은 한국외국어대 박사과정에도 들어가 공부를 하고 있다. 주 2~3회는 골프를 친단다. 이 총장은 역대 최고 동안을 자랑한다. 할머니 나이인데도 할머니라고 하는 사람이 없을 만큼 젊다. 두 분은 100세 이상 사실 것 같다. 긍정적 사고가 건강을 유지하는 비결이란다. 젊게 삽시다.

마당발

많은 사람과 소통하는 사람을 마당발이라고 한다. 인맥이 넓다는 얘기다. 그렇다고 꼭 좋은 의미로만 쓰이지도 않는다. 자기 스스로 마당발이라고 떠드는 사람이 있다. 조금 웃기는 얘기다. 이른바 마당발이라는 사람들을 보면 진정성이 부족하다. 이 사람도 알고, 저 사람도 안다고 떠벌린다. 대한민국서 모르는 사람이 없을 정도다. 과연 그럴까.

내가 누굴 안다는 게 중요하지 않다. 남이 나를 얼마만큼 인정하느냐가 관건이다. 나는 그 사람을 잘 안다고 하는데 그 사람이 나를 잘 모른다고 하면 알아도 아는 게 아니다. 이런 경우가 많다. 특히 기자들은 다 안다고 큰소리친다. 한국서 내로라하는 사람들을 안다고 하면 먹혀서 그럴까. 이는 부질 없는 짓이다. 남을 업어서 도움 될 게 없다. 내 알맹이를 채워야 한다. 실속을 차리라는 뜻이다.

안다고 하면 자주 소통해야 한다. 명함을 건네고 악수 한 번 했다고 잘 아는 범주에 넣기도 한다. 나부터 노력하지 않으면 안 된다. 지인들에게 전화를 하고, 메시지라도 주고받아야 한다. 물론 만나는 게 가장 좋다. 그러나 만남은 현실적 한계도 있다. 서로 시간이 맞아야 하기 때문이다. 나는 사람 만나는 게 취미이기도 하다. 물론 마당발은 아니다.

고려대 OB

내가 모교인 대전고 얘기는 종종 해도 고려대 얘기는 거의 하지 않은 것 같다. 나는 솔직히 애교심이 부족하다. 두 학교를 나온 것만으로 고마워한다. 그렇다 보니 학교 행사에도 소극적이다. 대학은 참여해본 적이 한 번도 없다. 때론 미안한 생각도 든다. 모교 행사에 적극적인 동문들을 보면 부럽기도 하다. 나는 고대 철학과가 그냥 좋아서 갔다. 입학 전부터 대학과 학과를 찍었다.

대학 생활은 엉망이었다. 1년 재수 뒤 80학번으로 입학했다. 대학에 들어가자마자 휴교령이 떨어졌다. 수업을 제대로 들은 기억이 없다. 정말 80년은 암흑기였다. 81·82년에도 수업은 아예 안 들어가다시피 했다. 3학년을 이처럼 허송세월했다. 그리고 카투사 병으로 입대했다. 정신을 차린 것은 4학년 복학해서다. 그때부터 학점을 관리했고, 언론사 시험 준비도 했다. 졸업학점은 3.02, 가까스로 B학점을 넘겼다.

우리 집안에는 고대 출신이 네 명이다. 매형은 경영학과 69, 여동생이 국어교육과 82, 아내는 사학과 83. 이쯤 되면 고대 집안이라고 할 만하다. 넷 다 고대에 대한 사랑은 별로다. 오늘 오풍연구소를 통해 알게 된 고대 후배가 방문한다. 고대 동문들의 장점은 하나 있다. 선배가 후배들에게 바로 말을 놓는 것. 그것 역시 전통이라고 할 수 있다. 오늘 하루라도 고대 출신의 기분을 내보려고 한다.

우린 언제 노벨상 타나

노벨상 수상자들이 속속 발표되고 있다. 우리나라는 언제쯤 수상자가 나올까. 먼 나라 얘기 같기도 하다. 우리나라 경제 규모 및 위상 등으로 볼 때 수상자가 한 명쯤 나올법한데도 들리지 않는다. 가까이 가 있는 사람도 없는 것 같다. 특히 우리나라 과학계가 부끄러워해야 할 일이다. 기초과학이 약한 탓이다. 머리 좋은 학생들이 의대 진학만 추구하는 것과도 무관치 않을 듯싶다. 노벨 물리 화학 생리의학상은 순수 과학을 연구한 학자들에게 주어진다.

나는 노벨평화상 시상식을 직접 취재한 경험이 있다. 2000년대 초 청와대 출입기자로 있을 때다. 김대중 전 대통령이 한국인 최초로 받았다. 평화상 시상식은 노르웨이 오슬로 시청에서 열린다. 고색창연한 시청도 멋스럽다. 당시 감동이 지금도 생생하다. DJ의 햇볕정책이 전세계적으로 인정받던 순간이다. 나는 시청 2층에서 그 모습을 생생하게 지켜 봤다. DJ는 인류 평화, 특히 한반도 평화를 위해 헌신했다. 남북이 대치된 상황 속에서도 전쟁 걱정을 하지 않는 것은 DJ의 공이라고 해도 과언이 아니다.

이웃 일본이나 중국은 노벨 문학상 수상자 등을 배출했다. 우리나라는 근접한 사람도 없는 것 같다. 그래서 수상자를 발표할 때마다 부럽기만 하다. 물론 노벨상이 전부는 아니다. 하지만 국격을 생각하면 하나쯤 받았으면 좋겠다. 무엇보다 과학자들이 더 분발해야 한다. 문학상 경제학상 평화상에 비해 기회가 더 많다고 여기기 때문이다. 노벨상을 받는 국내 1호 과학자는 누가 될까. 그에게 기대를 건다.

질투

나는 성악설을 믿는다고 주장한 바 있다. 태어날 때 악한 사람은 없을 터. 그러나 사회인이 되면서 악해지는 습성이 있다고 본다. 경쟁을 하지 않을 수 없어서다. 경쟁의 결과는 승자와 패자가 있기 마련이다. 진 쪽은 시기와 질투를 할 수밖에 없다. 그렇지 않다면 거짓말이다. 정도의 차이만 있을 뿐이다. 따라서 진정으로 축하해 주기 어렵고, 그것을 기대하는 것도 부질 없는 일이다.

질투심은 누가 더 강할까. 여자의 질투를 예로 많이 들지만 나는 남자의 질투심이 더 강하다고 생각한다. 직장에서 승진을 하거나 상을 받을 경우 의례적인 축하는 받는다. 하지만 내 일처럼 좋아하는 사람은 없다. 기대조차 하지 말아야 한다. 나도 그런 일을 적잖게 보았다. 가족은 정말 좋아한다. 특히 배우자, 자식, 부모, 장인·장모는 말할 것도 없다. 때론 형제끼리도 경쟁한다. 재벌들을 보면 더욱 그렇다.

무엇보다 주변 사람들이 잘되어야 한다. 그래야 한 번이라도 더 만난다. 밥을 살 수 있는 사람은 밥도 자주 사야 한다. 밥을 살 형편이 되는데 그렇지 않으면 욕먹는다. 사람 노릇 하기가 쉽지 않다는 뜻이다. 나는 가능한 한 밥을 사려고 노력한다. 요즘 시간적인 여유가 없는 게 가장 아쉽다.

은메달 우상혁, 그래도 잘했다

솔직히 금메달을 기대했는데 아쉬웠다. 높이뛰기 선수 우상혁은 은메달에 만족해야 했다. 그러나 최선을 다한 모습에 박수를 보낸다. 우승자 바르심은 우상혁보다 한 수 위였다. 우상혁은 진정한 스포츠맨십을 보여주었다. 바르심에게 축하를 건넸다. 그러면서 다음 목표는 파리 올림픽이라고 했다. 둘은 또 올림픽에서 다시 붙을 터. 둘은 세계 최고의 선수임에 틀림없다.

바가 2m31로 높아졌을 때, 남은 선수는 우상혁과 바르심, 신노 도모히로(일본) 3명뿐이었다. 우상혁과 바르심은 2m31도 1차 시기에 넘었고, 신노가 1~3차 시기에 모두 실패하면서 '우승을 향한 2파전'이 시작됐다. 2m33도 우상혁과 바르심은 1차 시기에 성공했다. 두 명의 선수가 2m33까지 한 번의 실패 없이 경기하는 건 세계선수권에서도 자주 볼 수 없는 명장면이다. 바르심은 2m35도 넘었다. 2m35를 넘는 게 의미가 없어진 우상혁은 바를 자신의 실내 한국 기록(2m36)보다 높은 2m37로 높여 두 차례 시도했지만, 아쉽게 바를 건드렸다. 여기까지였다.

우상혁은 신흥 강자에 가깝다. 그는 2021년 도쿄올림픽에서 2m35로 4위 자리를 차지하면서부터 세계 무대에 본격 진출했다. 지난해 세계선수권 은메달, 지난달 다이아몬드리그 파이널 우승(2m35)이라는 성과를 거뒀다. 우상혁은 한국 실외 최고 기록(2m35), 실내 최고 기록(2m36)을 전부 갖고 있다. 이날 바르심을 넘으며 상승세를 이어가려했지만 상대가 너무 강했다. 올해 최고 기록은 바르심의 2m36. 2m35가 마의 벽이라고 할 수 있겠다. 올림픽에서는 우상혁의 선전을 기대한다.

골프 지진아

골프를 하기 좋은 계절이다. 지금부터 11월까지가 가장 좋다. 덥지도, 춥지도 않다. 올해 골프 계획은 11월 25일 한 번 더 나간다. 지난번 한 차례 쳤으니까 두 번 치는 셈이다. 11월은 당초 계획이 없었다. 그러나 피치 못할 사정이 생겨 나가기로 했다. 골프가 재미있기는 하다. 잘 치지 못하더라도 몇 시간 동안 시원한 공기를 마시며 걸을 수 있으니 최고다. 그러나 흥미는 없다. 자주 나가지 않는 이유이기도 하다.

내 구력은 30년. 오래됐지만 실력은 형편없다. 지진아라고 할 수 있다. 체형을 보면 잘 칠 것 같다고 말한다. 그럼 농담 삼아 이처럼 응수한다. "샤워장에서는 싱글"이라고. 키도 크고 배도 안 나왔기 때문이다. 지금까지 최고 스코어는 84개. 그것 역시 오케이를 받아서다. 90개 정도가 최고일 듯싶다. 요즘 나가면 100개 이상 친다. 예전에는 버디 한 개를 목표로 했으나 파 한 개로 낮춘지 오래다.

골프는 비용도 문제지만 시간을 너무 많이 잡아먹는다. 하루를 허비할 수밖에 없다. 나는 쉰 살 때부터 연중 행사로 바꾸었다. 1년에 한두 번 친다. 그러니 잘 칠 리 없다. 오랜만에 나가니까 공을 맞추기도 어렵다. 골프를 아예 접을 생각도 없지 않다. 안 친다고 하면 함께 하자고도 않을 테니까.

한국 축구 · 야구는 강했다

기분 좋은 주말 저녁이었다. 축구는 숙적 일본을 2대1로 이겼고, 야구는 대만을 2대0으로 이겼다. 전국민이 환호했다. 한마디로 통쾌했다. 특히 일본과의 경기는 실력 그 이상이 작용한다. 한일전은 무조건 이겨야 한다는 심리적 압박이 있다. 우리 선수들이 그것을 잘 극복했다. 다시 한번 박수를 보낸다. 야구 선수들도 잘했다. 예선전서 4대0으로 진 적이 있는 대만을 결승전서 다시 만나 2대0으로 물리쳤다.

황선홍 감독이 이끄는 축구 대표팀은 완벽했다. 7전 전승으로 우승을 거뒀다. 모두 27골을 넣고 실점은 3점에 그쳤다. 한국은 전반 27분 천금 같은 동점 골을 터뜨렸다. 황재원의 오른발 크로스를 정우영이 절묘한 헤더로 연결해 골망을 갈랐다. 이번 대회 득점 1위를 달리는 정우영의 대회 8호 골. 정우영의 물오른 득점 감각이 돋보인 장면이었다. 쿠웨이트와 조별리그 1차전에서 해트트릭을 기록한 정우영은 키르기스스탄과 16강전 2골, 우즈베키스탄과 4강전 2골에 이어 이날도 골 맛을 봤다. 한국은 후반 11분 조영욱이 역전 골을 터뜨렸다. 우승이 확정된 순간이다.

야구 대표팀도 부담이 컸을 터. 예선전서 대만에 졌을 때는 비난도 많이 받았다. 하지만 우리 선수들은 해냈다. 투수 문동주의 역투가 빛났다. 6이닝 3피안타 무사사구 7탈삼진 무실점. 차세대 국가대표 에이스의 탄생이었다. 5일 만에 다시 만난 린위민(5이닝 2피안타 2볼넷 2실점)과의 리턴 매치에서도 문동주가 완승했다. 우리 선수들은 정신력에서 대만을 앞섰다. 잘 싸웠다. 대한 건아들!

라면

내가 생각하는 한 세계 최고의 간편식은 라면이다. 그중에서도 컵라면은 으뜸이다. 뜨거운 물만 부어 먹으면 한 끼를 해결할 수 있다. 이만한 간편식이 있을까. 나도 라면을 즐겨 먹는다. 일주일에 한 번은 먹는 것 같다. 라면을 먹고 싶을 때가 있다. 그때 먹는 맛이 최고다. 오늘 점심도 라면으로 때웠다. 라면에 공기밥 반 공기. 어떤 음식에 비유할 수 없다. 이제 한국 라면은 전 세계인이 찾고 있다. 독특한 맛이 있어서다. 수출도 눈에 띈다.

라면은 올들어 지금까지 6억9700만달러치를 수출했다. 이는 지난해 같은 기간보다 22.7% 증가한 금액이다. 한국 드라마, K-POP(케이팝) 등 한류 컨텐츠가 전 세계적으로 각광 받으면서 K-푸드의 위상도 높아진 결과라고 한다. 올해 글로벌 경기가 둔화하는 등 대외 수출 여건이 어려워진 상황에서의 성과라 더욱 돋보인다고 하겠다. 라면 제조사들은 올해 수출 증가에 힘입어 견고한 실적을 냈다. 농심은 지난 1, 2분기에 638억원, 537억원의 영업이익을 냈는데, 이는 지난해 같은 기간 대비 각각 86%, 1163% 늘어난 금액이다. 삼양식품은 지난 1분기에 전년 대비 3%가량 줄어든 239억원의 영업이익을 기록했지만, 2분기에는 441억원으로 61% 증가한 실적을 냈다.

나는 신라면과 진라면을 좋아한다. 둘 다 국물 맛이 칼칼하다. 가장 저렴하기도 하다. 가성비가 좋다는 얘기다. 편의점에서 라면을 먹는 외국인도 종종 본다. 라면 업체의 성장은 계속될 듯하다. 또 다른 한류가 되지 않을까.

이스라엘·하마스 전쟁

전쟁은 끔찍하다. 군인들뿐만 아니라 민간인 희생도 불가피하다. 이스라엘·하마스 전쟁이 전면전으로 치달을 것 같다. 하마스가 먼저 공격했다. 지금까지 이스라엘 국민 수백 명이 사망한 것으로 전해진다. 실종자도 많다고 하니 사망자를 집계하기도 어렵다. 이스라엘은 1948년 건국 이후 최악의 피해를 입었다고 한다. 자기네 국민 한 명만 죽어도 보복 공격을 해온 이스라엘이다. 전쟁을 선포한 것과 무관치 않다.

하마스의 공격과 이스라엘의 보복 공습으로 지금까지 양측에서만 모두 530여명의 사망자(이스라엘 300여명, 팔레스타인 230여명)가 나왔다. 부상자만 해도 양측 합해 3000명을 웃돈다. 양측이 군사적 대응 수준을 높이고 있어 인명 피해는 더 늘어난 것으로 예상된다. 전면전도 배제할 수 없는 상황이다. 중동 전체가 휘말릴 가능성이 크다. 이번 사태를 '전쟁'으로 규정한 이스라엘은 8일 하마스와 이슬라믹 지하드 등 팔레스타인 무장세력을 파괴하기로 결정하고 팔레스타인 가자 지구에 대한 전력 공급 중단 등 제재조치를 발표했다.

이스라엘은 세계 최고를 자랑하는 정보기관 모사드가 있다. 영화에도 자주 등장할 만큼 막강한 정보력을 지닌 기관이다. 그런데 하마스의 공격을 전혀 눈치채지 못했단다. 정보기관에 구멍이 뚫린 걸까. 앞으로 책임 문제도 대두될 듯싶다. 상황 악화는 바람직하지 않다. 희생이 따르기 때문이다. 전쟁 없는 세상이 가장 좋다. 남의 일이 아니다.

▮ 정몽구·의선 부자의 양궁 사랑

대한민국 양궁은 세계 최강이다. 남자도 그렇고, 여자도 그렇다. 특히 여자 양궁은 적수가 없다고 할 정도로 뛰어나다. 이번 아시안게임에서도 임시현이 3관왕을 거두었다. 임시현은 한국 여자 양궁을 이끌어갈 차세대 에이스다. 이제 겨우 20살로 국가대표는 올해 처음 뽑혔지만 곧바로 대표팀 에이스로 발돋움했다. 올해만 월드컵 개인전에서 2차례나 우승했다. 앞으로가 더 기대된다고 하겠다.

양궁은 국내 우승이 세계선수권보다 어렵다는 얘기가 있다. 국내 최강은 세계 최강을 뜻하기 때문이다. 이처럼 양궁 강국이 된 데는 현대자동차 정몽구 명예회장과 정의선 회장의 양궁 사랑을 빼놓을 수 없다. 1985년부터 39년째 대를 이어 양궁을 지원하고 있다. 전무후무한 일이다. 정 명예회장과 정 회장은 대회 장소도 종종 찾아가 선수들을 격려하곤 했다. 정 회장은 이번에도 항저우로 날아가 경기를 지켜봤다. 선수들에게는 "서울 가서 고기를 먹자"고도 했다. 선수 사랑이 묻어난다.

현대차그룹은 이번 대회를 앞두고는 진천 선수촌에 항저우 양궁 경기장을 그대로 모사한 가상의 항저우를 만들어 선수들의 적응을 도왔다. 최상 품질의 화살을 선별하는 고정밀 슈팅머신을 비롯해 다양한 최첨단 장비 지원도 이뤄졌다. 대회 기간에는 휴게공간은 물론이고 항저우 유명 한식당과 계약을 맺고 선수들에게 매일 쌀밥과 숭늉, 된장찌개, 소불고기 등 한식을 점심으로 제공했다. 이 같은 후원이 있었기에 훌륭한 성적을 거뒀다고 본다. 그냥 되는 일은 없다.

극단적 선택

신문이든, 방송이든 자살이라는 표현은 잘 안 쓴다. 대신 극단적 선택이라고 표기한다. 자살로 생을 마감하는 사람이 의외로 많다. 여러 가지 이유가 있을 터. 그 같은 선택을 하기까지 얼마나 고민을 많이 하겠는가. 스스로 목숨을 끊는 게 쉬운 일은 아니다. 하지만 자살은 순간이다. 그 순간만 넘기면 생명을 건질 수 있는데 극복하지 못한다. 주변의 무관심도 한몫 할 것으로 본다.

언론에도 종종 보도됐던 유명 유튜버가 생을 마감했다는 보도다. 먼저 고인의 명복을 빈다. 안타까운 일이 아닐 수 없다. 학교폭력 피해를 폭로해 넷플릭스 드라마 '더 글로리'의 현실판 주인공으로 알려진 유튜버 표예림(27)씨가 숨진 채 발견됐다. 10일 낮 12시 57분쯤 부산 부산진구 초읍동 성지곡수원지에 사람이 빠졌다는 신고가 119에 접수됐다. 출동한 119구조대가 수중 수색해 3시간여 만에 숨진 표씨를 발견했다. 너무 이른 나이에 세상을 떠났다.

이처럼 극단적 선택을 하는 사람들은 조짐이 있다고 한다. 표씨도 그랬다. 그는 앞서 유튜브에 '이제 그만 편해지고 싶습니다'라며 극단적 선택을 암시하는 동영상을 올렸다. 이때 누군가가 그를 말리고 감시해야 했다. 한 생명을 살릴 수도 있는데 말이다. 죽지는 말자. 그것은 죄악이다. 죽을 마음으로 살면 된다. 그리고 주변에 관심도 갖자. 오늘 새벽 죽음에 대한 단상이다.

▎또 극단적 선택

또 알만한 사람이 자살로 생을 마감했다. 이른바 유튜브 스타다. 그가 출연한 것을 조금 본 적이 있다. 말도 거칠고 위험 수위를 넘나들었다. 안정감이 없었다는 얘기다. 결국 이처럼 죽으려고 그랬는지 모르겠다. 유튜버 중에는 과격한 사람들이 적지 않다. 황당한 말도 많이 한다. 여기에 당하는 사람들도 부지기수다. 질러놓고 보자고 하는 것과 다름없다.

경찰 등에 따르면 유튜버 김용호씨는 12일 오후 1시쯤 부산 해운대구 한 호텔 지상 4층에서 숨진 채 발견됐다. 호텔 직원이 숨진 김씨를 발견하고 소방당국과 경찰에 신고했다. 경찰은 김씨가 극단적 선택을 했다고 보고 현장을 통제한 채 정확한 경위를 조사하고 있다. 김씨는 이 호텔 11층 정도에서 투숙한 것으로 알려졌다.

김씨는 2019년 7월 부산 해운대의 한 고깃집에서 여성을 강제 추행한 혐의로 재판에 넘겨져 전날인 11일 부산지법 동부지원에서 징역 8개월에 집행유예 2년을 선고받은 상태였다. 또 약점을 폭로하지 않는 대가로 연예인들에게 돈을 챙긴 혐의로 구속영장이 청구돼 구속 전 피의자심문(영장실질심사)을 앞둔 상태였다.

그의 죽음을 안타까워하는 사람은 많지 않은 것 같다. 왜 그렇게 살았을까. 아무튼 고인의 명복을 빈다.

연봉

직장인은 매달 월급을 받는다. 많이 받을수록 좋아할 터. 억대 연봉 얘기도 한다. 그만큼 받는 사람이 많지 않다는 얘기이기도 하다. 요즘은 대부분 연봉 계약을 한다. 그것을 12달로 나눠 탄다. 따라서 기준은 연봉이다. 연봉도 천차만별이다. 공무원보다는 기업 쪽이 더 많다. 잘나가는 공무원이 대기업으로 이직할 경우 연봉이 몇 배 뛰기도 한다. 수억 원도 받는다.

나도 2012년 서울신문을 나와 첫 연봉 계약을 한 바 있다. 파이낸셜뉴스 논설위원(계약직)으로 있을 때다. 만 4년간 있었는데 연봉은 3500만원이었다. 월급으로 따져 한 달 300만원이 못 됐다. 그 돈으로 살기는 어려웠다. 그래서 투잡을 했다. 대학 초빙교수로 9학기 동안 강단에 섰던 이유다. 일주일에 한 번 대구로 내려가 강의를 했다. 초빙교수 대우가 논설위원과 비슷했다. 두 곳을 합쳐 겨우 생활을 할 수 있었다.

지금 연봉은 당시와 비교할 수 없다. 생활 형편이 크게 나아졌다. 고맙고 감사하지 않을 수 없다. 연봉이란 그렇다. 어쨌든 더 많이 받았으면 할 것이다. 하지만 현실에 만족할 필요가 있다. 불평을 하기 시작하면 끝이 없다. 직장이 있는 것만으로도 축복이다. 매사에 감사하자.

임영웅 효과

가수 임영웅. 요즘 가장 핫한 사람이다. 그가 출연하면 시청률도 올라간다. 따라서 방송가에서는 그를 잡으려고 혈안이 되어 있단다. 방송가 최고의 우량주인 셈이다. 임영웅은 자기 관리도 잘 한다. 스캔들도 없다. 무엇보다 심금을 울리는 노래로 전국민을 감동시킨다. 모든 가수 중 인기 1위다. 트롯 가수가 아이돌도 따돌린다. 이런 경우는 없었다.

그의 인기가 어느 정도인지 본다. 그가 SBS '미우새'에 나왔다. 시청률 16.1%(시청률 조사회사 닐슨코리아 전국)를 돌파한 건 물론, 18.9%라는 분당 최고 시청률까지 기록하며 임영웅의 독보적인 존재감을 보여줬다. 또 임영웅은 tvn '놀토'를 통해 생애 첫 받아쓰기에 도전, '웅듣찬'으로 영웅이 되기도 했고, 센스 폭발한 면모로 신선한 매력까지 맘껏 뽐냈다. 제대로 활약한 임영웅 덕분에 '놀토'는 시청률 3.9%를 찍으며, 올해 최고 시청률을 기록했다.

임영웅의 노래를 들으며 눈을 감았다는 할머니 얘기도 기사로 소개됐다. 임영웅은 착한 이미지를 갖고 있다. 인기를 끄는 매력인 것 같다. 나대지도 않는다. 겸손하다는 뜻이다. 임영웅 시대는 계속될 듯하다. 최고 가수로서.

최태원의 동거녀

SK그룹 최태원 회장과 함께 살고 있는 동거녀가 공개됐다. 김희영 티앤씨(T&C) 재단 이사장이 장본인이다. 둘은 지난 14일 (현지시간) 프랑스 파리에서 열린 갈라 디너 행사에 참석한 모습이 카메라에 잡혔다. 두 사람이 공식 석상에 같이 등장한 것은 처음이다. 나도 김 이사장의 얼굴을 처음 봤다. 호감이 가는 형이었다. 이혼 소송 중인 노소영 관장과 다른 분위기를 풍겼다.

참 뭐라고 평가하기 어렵다. 무슨 연유로 이혼에 이르렀는지는 모르겠다. 둘 다 문제가 있었을 터. 제 3자가 이러쿵저러쿵 하는 것도 민망하다. 내 시각은 이렇다. 최 회장이 조금 심하지 않나 생각한다. 예로부터 조강지처를 버리면 벌 받는다고 했다. 그런 맥락에서 최 회장을 나무라는 것이다. 동거녀를 탓할 생각은 없다. 최 회장이 그녀를 선택하지 않았겠는가. 책임의 경중을 따진다면 최 회장에게 귀책 사유가 있다는 뜻이다.

어쨌든 이혼은 불행한 일이다. 그러나 요즘 결혼하는 부부의 경우 30% 이상이 갈라선다고 한다. 예전에는 이혼을 쉬쉬했는데 지금은 그렇지 않다. 이혼했다고 당당히 말한다. 세태 탓을 해야 하나. 가급적 갈라서지 말아야 한다. 백년해로를 되새기기 바란다. 이혼한 뒤 잘 사는 사람을 거의 보지 못했다. 성격이 맞지 않더라도 헤어지지 말고 살아야 하는 이유다.

의대 지상주의

의대에 우수 학생이 모이는 게 비단 우리나라만의 일은 아닌 듯하다. 인도도 의대에 들어가기 위해 과외 등을 받는다고 한다. 하지만 한국만큼 심한 나라는 없을 것으로 본다. 우리나라는 의대 광풍이 분다고 해도 과언이 아니다. 너도나도 의대에 가려고 한다. 쏠림 현상이 지나치다. 이과 우수한 학생은 거의 모조리 의대를 지원한다. 지방대 의대까지 모두 채운 다음 서울 공대를 지원한다니 말이다.

왜 이같은 현상이 벌어질까. 한국서 가장 안정적이고 수입이 많아 그럴 게다. 또 정년도 없다. 가정의학과 등은 90이 넘어서도 진료를 본다. 너도나도 의대에 진학하려고 하는 이유다. 이를 말릴 수도 없다. 전공 선택은 학생의 자유다. 예전에도 공부 잘하는 학생이 의대에 갔지만 지금처럼 싹쓸이를 하지는 않았다. 의대 인기가 치솟다 보니 공대나 자연대에 들어갔다가 자퇴하는 학생도 많다고 한다. 또 휴학하는 경우도 적지 않다. 재수 또는 반수를 통해 의대에 도전하기 위해서다.

우리나라는 OECD 선진국에 비해 의사 수가 턱없이 적다고 한다. 늘리는 게 당연하다. 그런데 의사 단체가 완강히 반대한다. 2006년부터 의대 정원은 3058명으로 묶여 있다. 역대 정부가 손을 못댄 탓이다. 의사 기득권과 무관치 않다. 이번 정부서 칼을 빼들었다. 잘한 일이다. 최소한 몇백 명이라도 늘려야 한다. 국민도 그것을 바라고 있다. 의사 사회의 철밥통도 깨기 바란다.

출판 기념회

정치의 계절이다. 내년 총선을 앞두고 책을 냈거나 내려고 준비하는 정치인이 많다. 그 목적은 하나라고 할 수 있다. 출판 기념회를 통해 정치자금을 모으는 것. 그 이상도 이하도 아니다. 책 같지 않은 책도 적지 않다. 자신이 안 쓰고 대필하는 경우도 허다하다. 이런 책에 내용이 있을 리 없다. 정치인 출판 기념회에 몇 차례 다녀온 적이 있다. 곱지 않은 장면에 눈살이 찌푸려진다.

출판 기념회 장소 근처 쓰레기통에는 정치인이 뿌린 책이 수북하다. 표지도 안 보고 봉투째 버리는 일도 잦다. 책으로서 가치가 없다는 얘기다. 어찌 보면 낭비가 아닐 수 없다. 이들의 책을 만드는 출판사 역시 성의를 안 보인다. 보는 사람이 없다고 판단해서다. 그럼에도 출판 기념회 소식을 알린다. 돈 봉투 들고 오라는 뜻 아니겠는가. 출판 기념회를 한 번도 하지 않은 정치인은 찾아보기 어렵다. 기념회를 위해 차량까지 동원하는 일을 보았다.

소박한 출판 기념회는 권장할 만하다. 작은 음악회처럼. 실내체육관을 빌려 대대적으로 행사하기도 한다. 이처럼 보여주기식 행사는 지양해야 한다. 또 정치의 계절이 아닌 때 내면 될 텐데 총선을 앞두고 경쟁적으로 낸다. 정치인 책은 아예 시판하지 않는다. 팔리지 않기 때문이다. 한번쯤 되돌아 보자.

이선균마저

정말 사람은 알 수 없다. 겉모습만 보고 판단하면 잘못에 빠지기 쉽다. 영화배우 이선균이 그랬다. 어제부터 유명 배우가 마약 투약 혐의로 내사를 받고 있다는 소식이 전해졌다. 중저음으로 유명하다는 보도도 나왔다. 나도 이선균이 아닌가 생각했다. 오늘 아침부터 SNS에는 이선균이라는 얘기가 나돌았다. 그러더니 오후 들자 이선균 이름을 박아 속보가 떴다.

이선균 측은 부인하지 않았다. 이선균의 소속사 호두앤유엔터테인먼트는 즉각 공식 입장을 내고 "이선균은 사건과 관련된 인물로부터 지속적인 공갈·협박을 받아왔다"고 밝혔다. 소속사는 "배우에 대해 제기된 의혹의 정확한 사실관계를 확인하고 있으며, 수사기관의 수사 등에도 진실한 자세로 성실히 임하겠다"고 전했다. 내사 사실을 인정했다고 할 수 있다.

이선균은 모범생 이미지가 강했다. 배역 역시 착한 인물을 많이 소화했다. 마약을 하리라곤 상상도 못 했다. 어쩌다 그랬을까. 누군가의 꾐에 빠졌을 수도 있다. 우리나라서 마약은 범죄다. 이선균은 모든 국민에게 큰 실망을 안겼다. 수사에 성실히 임해 대가를 치러야 한다. 사필귀정이다.

오풍연 칼럼

먼 길을 달려왔다. 이 칼럼이 3600번째다. 2018년 5월 16일부터 써왔다. 처음부터 쓰려고 했던 게 아니다. 외부 요인이 컸다. 당시 한 인터넷 신문에 칼럼을 기고하고 있었다. 고료를 받지 않고, 재능기부를 했다. 그런데 언론사 대표로부터 연락이 왔다. "내일부터 칼럼을 쓰지 말라"고 했다. 그러면서 연유를 설명했다. 삼성에서 오풍연을 자르라고 했단다. 삼성을 비롯한 재벌에 대해 비판을 했더니 마음에 들지 않았던 것.

여기까지는 받아들일 만했다. 그다음 설명이 나로 하여금 다른 길을 가게 했다. 내 페이스북 등 SNS도 뒤져봤단다. 내가 너무 강성이라고 했다. 그래서 자르지 않으면 광고를 협조할 수 없다고 했다는 것. 언론사 입장에서는 광고주의 말을 듣지 않을 수 없었다. 말하자면 하루아침에 잘린 셈이다. 그렇다고 주저앉을 나도 아니었다. 내 방식이기도 하다. 다른 길을 찾아야겠다고 생각했다.

새벽 운동을 마치고 첫 지하철로 출근하던 중 떠오른 게 밴드다. 아예 유료화를 하자고 다짐했다. 지하철 2호선 을지로입구역을 지날 즈음 오풍연 칼럼방이라는 밴드를 만들었다. 물론 비공개다. 그리고 유료로 운영하겠다고 고지했다. 오풍연 칼럼이 시작된 날이다. 지금까지 3600개의 칼럼을 써왔으니 게으름은 피우지 않았다고 할 수 있다. 회원은 152명. 유료라서 들어왔다가 나가는 경우가 태반이다. 오풍연 칼럼은 계속 진행형이다. 그날까지.

아이폰이 뭐길래

아이폰의 인기가 하늘을 찌르는 모양이다. MZ 세대는 물론 초등학생까지 아이폰만 찾는단다. 참 유행이란 무섭다. 남이 무엇을 쓰면 나도 그것을 사고 싶어 한다. 아이폰은 전세계적으로 엄청난 팬덤이 있다. 신제품이 나오면 그것을 사기 위해 밤새 줄을 선다. 세계적인 현상이다. 왜 젊은 친구들은 아이폰에 집착할까. 삼성 폰을 쓰면 시대에 뒤떨어졌다는 평가를 받는단다.

삼성폰은 아재폰, 아이폰은 젊은이 폰. 이 같은 등식이 통용되는 것 같다. 특히 젊은 여자들은 예외 없이 아이폰을 쓴다. 삼성폰을 쓰는 남자 대학생의 경우 놀림도 당한다니 웃지 못할 일이다. 아이폰이 더 나아서 그럴까. 꼭 그렇지만도 않을 게다. 삼성폰의 성능도 뛰어나다. 나는 아이폰을 안 써봐서 모르겠다. 어느 폰이 더 좋은지. 지금 삼성 폴더폰을 사용하고 있다. 불만은 전혀 없다. 디자인도 좋구.

여학교에서는 이런 대화들이 오간단다. "다른 반에서도 갤럭시를 사용하는 친구를 본 적이 없다"며 "갤럭시를 쓰면 안 된다는 분위기는 아니지만 갤럭시를 쓰는 친구를 보면 농담으로 '아직 갤럭시 쓰냐'는 식으로 말하기도 한다" "갤럭시를 쓰는 친구들을 지칭하는 말은 따로 없지만 '너 남친이 갤럭시 쓰면 어떻게 할 거야'라는 식으로 놀리는 애들을 보기도 했다" "요즘 주변 친구 대부분이 아이폰을 사용하기 때문에 나 역시 애플 제품을 쓰게 됐다. 디자인이 깔끔하고 예쁘다는 인식도 있었다"고 말한다.

삼성도 긴장해야 한다. 미래 소비자까지 아이폰만 찾는다니 말이다. 삼성 역시 팬덤을 만들어야 한다. 경쟁에서 이기려면.

첫사랑

처음 만난 여자와 결혼하는 사람은 얼마나 될까. 있더라도 아주 적을 것이다. 첫사랑은 대부분 실패한다고 하겠다. 누구나 첫사랑에 대한 추억은 있다. 나도 예외는 아니다. 한 번쯤 만나보고 싶은 마음도 있다. 그동안 어떻게 변했을까. 하지만 찾을 방법이 없다. 너무 오래돼서 그렇다. 그쪽이 나를 찾는 게 더 쉬울 터. 내 이름 석자면 치면 포털에 뜬다. 연락이 없는 것을 보면 찾지 않는다는 뜻이다.

대학 1~2학년 무렵 여학생을 만났다. 이화여대 미대생으로 같은 학년이었다. 내가 재수를 했으므로 나이는 한 살 많았을 것 같다. 당시는 나이를 물어보지도 않았다. 6개월쯤 만났을까. 이별 통보를 받았다. 말하자면 여자에게 딱지를 맞은 것. 그냥 헤어지자고 하니 별수 없었다. 나는 지금도 그렇지만 예전에도 그랬다. 가는 사람 붙잡지 않고, 오는 사람 떠밀지 않는다. 요즘 말로 쿨하게 헤어졌다. 다시 만난다면 그때 왜 그랬는지 꼭 묻고 싶다.

이른바 첫사랑은 만나지 않는 게 좋다고들 말한다. 실망이 더 크다고 한다. 정말 그럴까. 나는 변한 게 없다. 나이만 먹었다. 지금 아내는 카투사 제대 후 만나 결혼에 이르렀다. 아내가 첫 여자라고 해도 과언이 아니다. 사랑이라는 감정도 처음 느껴보았다. 이제 아내도 60살. 세월이 많이 흘렀다. 인생무상이다.

아빠 찬스

어릴 때는 아빠가 가장 멋있어 보인다. 따라서 아빠 직업을 선망하기도 한다. "나도 커서 아빠처럼 될 거야"고 한다. 아빠도 자식이 이처럼 말하면 싫어하지 않는다. 자식을 제일 많이 챙기는 직업군을 따진다면 의사와 법조인을 둘 수 있다. 자식들이 대를 이었으면 하는 바람을 갖고 있지만 두 직업군은 유독 강하다. 때문에 자식들이 스트레스를 많이 받기도 한다.

의사들의 인기는 예나 지금이나 똑같다. 그들은 자신들이 최고인 줄 안다. 공부도 잘하고, 돈도 많이 벌고. 그들만의 세상을 만들기도 한다. 아들을 의사 만들기 위해 수단과 방법을 다한다. 대학 편입도 하나의 방법이다. 의대 갈 실력이 안 돼 다른 대학이나 다른 과에 들어갔다가 의대로 편입하는 것. 급기야 국정감사에서도 문제가 됐다. 전후 맥락을 살펴보니 의심을 살 만했다.

국회 교육위원회 야당 간사인 민주당 김영호 의원은 국정감사에서 김영태 서울대 병원장의 아들이 2013년 카이스트에 입학한 뒤 '스펙'을 쌓는 과정과 이후 2017년 서울대 의대로 편입한 과정 등에 대한 의혹을 제기하며 김 병원장을 추궁했다. 김 의원에 따르면, 김 병원장 아들은 카이스트 재학 시절인 2014년 이화여대 뇌융합과학연구원에서 2년 넘게 인턴으로 근무했다. 뭔가 의심스런 대목이 엿보인다.

서울대 의대 편입제도는 2015년~2019년까지 한시적으로 존재했다. 5

년 동안 합격한 편입생 중 부모가 서울대 의대인 교수인 경우는 김 병원장 아들이 유일한 사례였다고 한다. 아빠 찬스라고 할 수 있지 않을까.

선출직

정치인 하면 국회의원을 가장 먼저 떠올린다. 이들은 국민이 직접 뽑는다. 물론 비례대표 의원도 있지만 선출직 지역구 의원과 다르다. 선출직은 쉽지 않다. 나 정도면 되겠지 하고 출마하지만 전혀 엉뚱한 결과가 많이 나온다. 민심, 즉 표심을 모르기 때문이다. 사내가 태어나면 정치를 하라고 했다. 그것은 마약과도 같다. 한 번 발을 담그면 빠져나오기 어렵다.

나도 선출직을 경험한 적이 있다. 1996년 서울신문 노조위원장 선거에 나섰다. 나를 포함 두 명이 출마했다. 그러나 한 후보가 사퇴해 나 혼자만 남게 됐다. 이른바 경선은 이뤄지지 않았다. 대신 찬반 투표가 진행됐다. 신임을 물은 것. 결과는 98% 찬성으로 노조위원장이 됐다. 지금까지 그 같은 기록은 깨지지 않고 있다고 한다. 그 뒤 서울신문 사장에도 4번 도전했지만 직선이 아니어서 뜻을 이루지 못 했다.

앞으로 선출직에 다시 도전할 수 있을까. 자신감은 있다. 그렇다고 국회의원에 도전하겠다는 얘기는 아니다. 시장 군수 구청장도 어렵다고 본다. 지역에 기반이 없는 까닭이다. 따라서 선출직은 힘들 듯싶다. 공모는 모르겠다. 사람 일은 알 수 없어서.

오풍연 칼럼 1만개

1만개의 칼럼. 결코 적지 않다. 날마다 1개씩 쓴다고 가정해도 30년 가까이 걸린다. 오풍연 칼럼에 숫자를 적고 있다. 이 칼럼이 3626번째다. 당초 세웠던 목표가 1만 개다. 나는 70을 전후해 목표치에 이르지 않을까 예상했었다. 과연 가능할까. 1년에 1000개씩은 써야 도달할 터. 쉬운 일은 아니다. 하루 한 개도 부담스러울 수 있기 때문이다.

나는 힘 빼고 쓴다. 생각나는 대로 적는다. 고민하지 않는다. 의무감이 없어 내키는 대로 한다. 부담을 가지면 계속해서 글을 쓰기 어렵다. 어깨 힘 빼고 치라는 골프와 다르지 않다. 잔뜩 힘을 주면 엉킬 수 있다. 물 흐르는 대로 써야 한다. 내가 쓴 글을 보고 그것도 글이냐고 하는 사람들이 있다. 여기에 대한 대답도 한결같다. "그렇다"고. 나는 글에도 가식이 있으면 안 된다고 생각한다. 글 역시 정직하고, 솔직해야 한다는 얘기다.

오풍연 칼럼은 작은 역사라 해도 과언이 아니다. 그때그때 상황을 담는다. 요즘 정치적 이슈는 다루지 않고 있다. 그것은 나와의 약속이기도 하다. 공제회에 있는 동안 그럴 작정이다. 내 칼럼은 일기 형식이다. 일상을 문학으로 보는 까닭이다. 새 장르일 수도 있다. 그런 장르도 만들면 된다. 문학이 누구의 전유물도 아니어서 그렇다.

오풍연의 세상만사

어제부터 네이버와 다음 등 포털에서 오풍연이 다시 뜨기 시작했다. '오풍연의 세상만사'가 나온다. 인터넷 신문 에듀프레스에 들어가면 볼 수 있다. 에듀프레스는 교육 전문 신문이다. 교육 관련 뉴스만 다룬다. 이 분야에선 독보적 신문이다. 30년간 한우물만 팠다. 그래서 특종도 많이 한다. 특히 교육부 인사에 관한 한 따라올 자가 없다고 할 정도로 실력을 인정받고 있는 매체다. 많은 관심과 격려 부탁드린다.

칼럼을 여러 군데 기고한 바 있다. 논설위원으로 있던 서울신문이나 파이낸셜뉴스에서는 당연히 오풍연 칼럼을 정기적으로 썼다. 고정 칼럼을 썼던 곳을 소개한다. 국민건강보험공단, 메트로신문, 서울와이어, 금융소비자신문, 서울이코노믹뉴스, 글로벌이코노미 등이다. 글로벌이코노미에서는 비상근 주필을 맡기도 했다. 나머지는 칼럼니스트로 소개됐다. 그러니까 또다시 칼럼니스트가 된 것이다.

'오풍연의 세상만사'는 오풍연이 사는 방식을 선보인다. 거창할 것도 없다. 그냥 세상 사는 얘기다. 오풍연의 관점에서 사물을 바라본 것. 따라서 100% 창작이다. 표절이 있을 리 없다. 다만 팩트는 인용한다. 그것은 사실이기 때문이다. 궁금한 게 있으면 언제든지 물어봐도 좋다. 성실히 답변해 드리겠다. 오풍연식 글쓰기다.

골프

골프. 운동이 될까. 이 같은 질문을 하는 사람도 있다. 운동이 되지 않을 것이라는 예단에서다. 그러나 운동이 된다는 게 내 답이다. 카트를 안 타든지, 덜 타면 많이 걷는다. 처음부터 끝까지 걸으면 10km 안팎을 걷게 된다. 아울러 시원한 공기를 마시면 건강에도 좋다. 무엇보다 나이를 먹어도 할 수 있다. 가족끼리도 가능하다. 이처럼 모두가 함께 할 수 있는 운동은 드물다.

나는 연중 골프를 한다고 밝힌 바 있다. 쉰 살 때부터 그랬다. 1년에 한 번. 많으면 두 번가량 쳤다. 올해도 지금까지 한 번 나갔다. 다음 달 25일 또 한 차례 약속이 있긴 하다. 더는 나갈 계획이 없다. 공제회는 소피아그린cc를 운영하고 있다. 공제회 회원들은 회원 대우를 받는다. 나도 공제회 회원이어서 그 혜택을 받고 있음은 물론이다. 지난 9월 한 번 다녀왔다.

그러나 주말에는 골프 중계를 많이 본다. 흥미가 있어서라기보다는 자연을 즐길 수 있어 좋다. 산도 있고, 물도 보인다. 여자 경기가 더 재미있다. 또 남자 경기는 보려고 해도 중계를 하지 않는 경우가 많아 볼 수 없다. 지금도 골프 중계 연장전을 보고 있다. 박현경 선수의 챔피언 펏만 남았다. 올해 첫 우승이란다. 박수를 보낸다.

뷔페 20만원

올라도 너무 올랐다. 뷔페가 1인당 20만원이란다. 물론 나에게는 해당되지 않는다. 뷔페식당에는 거의 가지 않기 때문이다. 음식을 적게 먹어 갈 이유가 없다. 이것저것 많이 먹는 사람에겐 뷔페식당이 좋다. 가격이 이처럼 올라도 아랑곳하지 않는다. 가격을 올려도 특급호텔의 경우 예약이 꽉 찬다고 한다. 위화감을 낳는 것 같기도 하다.

업계에 따르면 서울 신라호텔의 더 파크뷰는 12월 1~20일 저녁 가격을 19만5000원으로, 21~31일 저녁 가격을 21만5000원으로 각각 인상한다. 평소 평일·주말 저녁 가격이 18만5000원이던 것을 고려하면 각각 1만원과 3만원 올랐다. 이 호텔 관계자는 "연말을 맞아 12월에 한해 와인을 무제한 제공하고 메뉴와 서비스를 개선하면서 가격을 인상하게 됐다"고 말했다.

롯데호텔도 다르지 않다. 롯데호텔 서울의 뷔페 라세느는 12월 평일·주말 저녁 가격을 19만원으로 기존 대비 1만원 올린다. 크리스마스 연휴 때인 23~25일과 연말 30~31일 저녁 가격은 20만5000원이다. 롯데호텔 관계자는 "식자재와 인건비 상승, 연말 특수성이 반영된 가격"이라며 "메뉴 역시 업그레이드되거나 추가된다"고 말했다.

나는 1년에 딱 한 번 정도 간다. 쿠폰이 있어서다. 조선호텔 연간 회원권을 이용하면 쿠폰을 두 장 준다. 이것도 남을 줄 때가 많다. 뷔페에 가더라도 고작 한 접시 먹는다. 가족들도 마찬가지. 올해도 가자니까 싫단다.

누구랑 갈지 고민 중이다.

호떡

호떡이 생각나는 계절이다. 날씨가 차가워지면 더 맛있다. 나는 호떡을 무척 좋아한다. 호떡을 파는 곳이 있으면 그냥 지나치지 않는다. 고속도로 휴게소에서 호떡을 팔면 반드시 사 먹는다. 더러 호떡집을 찾아가기도 한다. 호떡에 대한 어릴 적 추억 때문이다. 그 맛을 잊을 수 없어 호떡집을 서성거리곤 한다.

나는 충남 보령시 청라면서 태어났다. 면 소재지에 있는 청라초등학교를 5학년까지 다녔다. 5일마다 청라 장이 열렸다. 장터 구석에 호떡을 파는 할머니가 있었다. 철판에 호떡을 구웠다. 당시 10원에 호떡 두 갠가 다섯 개를 주었던 기억이 난다. 그것을 사 먹었다. 꿀맛이 따로 없었다. 얼마나 맛있던지 금세 먹어 치웠다. 지금 옛날 그 맛은 찾을 수 없다.

호떡에 오뎅 국물도 제격이다. 함께 파는 집도 있다. 요즘 호떡 한 개에 2000원, 2500원 정도 한다. 물가가 많이 올랐다. 빵값도 마찬가지. 오늘도 아내와 함께 백화점에 나간다. 호떡집이 있으면 들를까 한다. 그러나 백화점에 호떡을 파는 고정 코너는 없다. 상설 매장은 없고, 임시 매장은 더러 있다. 호떡 맛집이 있으면 소개해 달라.

배짱

사람마다 사는 방식이 다르다. 그것을 갖고 뭐라고 할 수는 없다. 사는 방식이 곧 철학이기 때문이다. 나도 60 넘게 살았다. 나름 열심히 살아 왔다고는 자부한다. 그 사람이 어떻게 살았는지는 남도 잘 안다. 잘 살아야 할 이유이기도 하다. 많은 사람을 알고 있고, 만나 왔다. 대인배도 있고, 소인배도 있다. 나는 통이 작은 사람은 멀리한다. 통 큰 사람을 좋아한다는 뜻이다.

통 큰 사람의 기준은 뭘까. 배짱이 아닌가 싶다. 자리가 높다고, 돈이 많다고 통이 크지는 않다. 그들 가운데도 속 좁은 사람이 많다. 배짱은 당당함을 말한다. 옳지 않은 것에 대해서는 '노(NO)'라고 할 수 있어야 한다. 그냥 눈 감고 있으면 안 된다. 그런데 노라고 하기가 쉽지 않다. 배짱 두둑한 사람만이 할 수 있다. 결정적인 순간에 노라고 하는 사람을 거의 보지 못했다. 자기 목을 내놓아야 하는 까닭이다.

배짱과 만용은 다르다. 배짱은 정의로운 일에 필요하고, 만용은 그 반대다. 큰소리 떵떵 치는 사람은 만용에 가깝다. 이런 부류의 사람들은 꼬리도 잘 내린다. 이처럼 사람 사는 게 간단치 않다. 배짱이 있으려면 무엇보다 정직해야 한다. 정직이 가장 큰 무기인 셈이다. 내가 정직을 좌우명으로 삼고 있는 것과 무관치 않다.

서울

서울은 한국의 수도다. 이제 전 세계 어디를 가든 서울 모르는 사람은 없을 정도다. 글로벌 도시로서의 위상 또한 대단하다는 얘기다. 서울은 무척 아름답다. 우리가 살고 있어 그것을 잘 모른다. 한강 만한 큰 강을 끼고 있는 수도는 없다. 또 20~30분만 나가면 멋진 산에 닿을 수 있다. 국립공원이 지척에 있다. 외국인들이 서울에 와 원더풀을 외치는 이유다.

서울의 인기는 인스타그램 팔로워에서도 단연 두드러진다. 서울시 인스타그램은 2014년 6월 개설 이후 2017년 구독자 10만 명을 넘긴 후 7년 만인 올해 9월 45만 명을 달성했다. 도시 경쟁력 순위 세계 7위의 서울이 글로벌 상위 10위 도시 가운데 가장 많은 인스타그램 팔로워를 보유했다고 한다. 영국 런던의 팔로워는 2만4000명, 미국 뉴욕은 21만명, 일본 도쿄는 17만명에 그친다.

서울의 장점은 많다. 지하철과 버스 등 대중 교통망은 세계 최고다. 이처럼 편한 도시가 없다. 치안도 좋다. 밤이든, 새벽이든 혼자 나가 돌아다녀도 무섭지 않다. 치안이 완벽한 까닭이다. 물가가 다소 비싼 게 흠이라면 흠이다. 일본보다 훨씬 비싸니 말이다. 그래도 나는 서울이 좋다.

봉지 커피

나는 커피를 좋아한다. 하지만 마니아 수준은 아니다. 커피 맛도 모르기 때문이다. 그냥 담배 피우듯 마신다. 지금 새벽 2시. 봉지 커피를 한 잔 타 마시고 있는 중이다. 담배 피우는 사람이 눈 뜨면 담배를 찾듯 커피를 찾는다. 습관 탓이리라. 새벽부터 커피를 마시는 셈이다. 집에서는 주로 봉지 커피를 마신다. 회사에서는 비서가 내려준 원두커피를 마신다.

커피를 마시면 잠이 안 온다는 사람도 있다. 나는 그것과 상관없다. 하루 몇 잔을 마셔도 괜찮다. 하루 평균 7잔 안팎을 마시는 것 같다. 집에서 한잔 마시고 출근하자마자 또 한 잔 마신다. 그리고 오전에 두 잔가량 더 마신다. 점심을 먹고 나면 으레 커피를 마신다. 오후 역시 한두 잔 더 마신다. 마지막으로 집에 와 저녁 먹고 한 잔 정도 마신다.

이처럼 커피를 좋아한다고 SNS에 소개했더니 커피를 사들고 찾아오는 페친들도 있다. 아예 커피를 집으로 보내주기도 한다. 커피숍에 가면 아메리카노만 마신다. 다른 음료는 거의 먹어본 적이 없다. 오늘도 커피향이 은은하다. 새벽의 고요함과 딱 맞아떨어진다. 저녁에는 청와대를 함께 출입했던 기자들과 모임을 한다. 멋진 날 되시라.

가을 야구

야구는 역시 한 방이다. 홈런 하나로 판을 뒤집기도 한다. 홈런 타자가 각광을 받는 이유이기도 하다. 지금 한국 시리즈가 열리고 있다. LG와 KT. 첫 경기는 KT가 3대2로 이겼다. 두 번째 경기도 KT가 이기는 줄 알았다. 중간에 보니까 KT가 LG를 4대1로 이기고 있었다. 그러나 LG는 뒷심이 강했다. 한 점씩 따라붙어 결국 역전승을 거뒀다.

거기에는 홈런 한 방이 있었다. LG는 3-4로 끌려가던 8회 말 1사 2루에서 박동원(33)의 2점 홈런으로 승부를 뒤집었다. 정규시즌 홈런 20개를 쳤던 박동원은 KT 박영현(20)이 초구로 던진 시속 124㎞ 체인지업이 가운데로 몰리자 배트를 힘차게 휘둘렀다. 타구는 시속 166㎞로 122m를 날아가 좌중간 관중석에 꽂혔다. 박동원은 경기 MVP(최우수선수)로 뽑혔다. LG 관중석은 그야말로 흥분의 도가니. 이런 맛에 가을 야구를 볼 게다.

LG그룹의 야구 사랑은 유별나다. 구광모 회장은 첫날 야구 경기를 직접 관람했다. LG 야구 점퍼를 입고서. LG그룹 오너가의 남다른 야구 사랑은 유명하다. 구 회장은 고(故) 구본무 선대회장, 구본준 LX그룹 회장에 이어 LG 야구단 3대 구단주를 맡고 있다. 구본무 선대회장은 1994년 2번째 우승 후 다음 우승을 기약하며 일본 오키나와산 아와모리 소주와 롤렉스 시계를 준비했다. 이번에 주인공이 나타날지도 모르겠다. 우승 예감이 든다.

▮ 노소영을 응원하는 이유

SK그룹 최태원 회장과 노소영 관장 사이에 이혼 소송이 진행 중이다. 항간에서는 이를 두고 세기의 재판이라고 한다. 지켜보는 사람들은 재미있어 한다. 당사자들은 속이 타들어갈 게다. 노 관장은 언론을 피하지 않고 있다. 인터뷰도 한다. 최 회장에 대해 좋게 얘기할 리는 없다. 최 회장의 동거인도 비난하고 있다. 따라서 최 회장이 더 속앓이를 할 것 같다.

이번에는 최 회장이 반격을 했다. 변호인을 통해서다. 최 회장은 소송 대리인을 통해 공개한 입장문에서 "노 관장과의 혼인관계는 새로운 사람을 만나기 훨씬 이전에 이미 완전히 파탄이 나 있었고, 십수 년 동안 형식적으로만 부부였을 뿐 서로 불신만 남아있는 상태에서 남남으로 지내오다가 현재 쌍방이 모두 이혼을 원한다는 청구를 해 1심에서 이혼하라는 판결이 이뤄진 상황"이라며 "마지막 남은 재산분할 재판에서 유리한 결론을 얻기 위해 일방적인 입장을 언론에 이야기해 논란을 일으키고 있어 당황스럽다"고 비판했다.

이 사건에서 노소영은 약자다. 자녀 3명이 재판부에 탄원서를 내기도 했다. 이들이 누구 편인지는 모르겠다. 엄마를 심정적으로 응원할 가능성이 크다. 이혼은 불행한 일이다. 누가 더 상처를 입을까. 노소영이 크지 않겠나 생각한다. 내가 노 관장을 응원하는 이유이기도 하다. 그래도 해피 엔딩은 어려울 듯하다.

유료 구독자 1000만 시대 연 뉴욕타임스

솔직히 부럽다. 우리에게는 남의 일 같기도 하다. 미국 뉴욕타임스가 유료 구독자 1000만 명을 돌파했다는 보도다. 돈을 내고 신문을 보는 온라인 회원이 1000만 명을 넘었다는 것. 세계에서 유일한 매체임은 물론이다. 그럼 우리나라는 어떤가. 조선일보가 맨 처음 시도했으나 실패했다고 본다. 공짜에 익숙한 터라 거의 관심을 끌지 못했다.

그나마 중앙일보가 유료화에 매진해 약간의 성과를 거둔 것 같다. 올해 유료 구독자 목표는 2만 명. 이마저도 쉽지 않다고 한다. 분명 대세는 유료화인데 파고드는 것이 영 어렵다. 2025년 목표는 1만 명. 뉴욕타임스의 1% 수준이다. 우리는 네이버나 다음 등 포털에 익숙해져 있다. 거기는 공짜다. 꼭 돈 내고 볼 필요가 없다는 뜻이기도 하다. 포털이 뉴스 서비스를 하지 않는다고 하면 모르겠다. 우리 언론의 경우 콘텐츠가 빈약하기 짝이 없다고 해도 과언이 아니다.

뉴욕타임스는 지난 8일(현지시간) 3분기 실적 발표를 통해 전체 구독자가 1000만 명이 넘었다고 밝혔다. 뉴욕타임스의 3분기 매출은 5억 9830만 달러(약 7850억 원), 영업이익은 8980만 달러(약 1178억 원)로 나타났다. 영업이익은 전년 동기와 비교하면 30.1% 늘었다. 유료 구독을 통해 이 같은 성과를 내고 있는 것이다. 우리가 타산지석으로 삼아야 한다. 부럽다고만 하지 말고.

LG 우승

무려 29년이나 기다렸다. LG가 야구 한국시리즈서 KT를 꺾고 우승했다. 얼마나 기다렸던 우승인가. 우승 순간 선수도, 팬도 함께 눈물을 흘렸다. 이런 맛에 야구를 할 터. 첫판을 진 뒤 내리 4연승 했다. LG의 힘을 느낄 수 있었다. 가장 극적인 경기는 3차전. 5대7로 지다가 홈런 한 방이 터져 8대7로 뒤집었다. 야구 아니고는 이 같은 감격을 맛볼 수 없다.

LG는 잠실구장에서 열린 2023 신한은행 SOL KBO리그 한국시리즈(7전 4승제) 5차전에서 선발 케이시 켈리의 호투 속에 박해민과 김현수가 공격을 주도해 kt wiz에 6-2로 승리했다. 1차전을 패했으나 2~5차전을 내리 승리한 LG는 이로써 시리즈 전적 4승 1패로 대망의 우승컵을 차지했다. 올 정규시즌에서 1위를 차지해 한국시리즈에 직행한 LG는 통합 우승의 기쁨도 누렸다.

한국시리즈 MVP로는 2차전부터 4차전까지 세 경기 연속 홈런포로 팀의 승리를 이끈 LG의 주장 오지환이 꼽혔다. 오지환은 5경기에서 6안타 3홈런 8타점을 기록했다. 고(故) 구본무 선대회장이 다음에 우승할 때 함께 마시자며 남겨 놓았던 우승 축하주도 29년 만에 뚜껑을 열 수 있게 됐다. 2018년 타계한 구본무 회장은 1994년 두 번째 우승 당시 트윈스 선수단, 관계자들과 함께 마셨던 일본 오키나와 전통주 '아와모리 소주'를 이듬해 세 번째 우승할 때 마시자며 세 통 사 왔다. 아울러 롤렉스 시계도 준비했다.

LG는 이래저래 경사가 났다. 팬과 소비자들을 위한 대규모 할인 행사도 할 것 같다. 우승 이상의 기업 이미지 홍보 효과도 거뒀다. 모두에게 축하를 건넨다.

왜 죽어

죽음이 미화될 수는 없다. 죽는다고 문제가 없어지는 것도 아니다. 따라서 살아야 한다. 그래야 문제도 풀 수 있다. 특히 자살은 죄악이다. 그 마음이면 죽지 않고 살 수 있다. 전직 치안감의 사망 소식이다. 가족들이 실종신고를 한 뒤 산에서 주검으로 발견됐다. 사연이 있을 터. 검찰 수사 대상이었던 것으로 알려졌다. 수사망이 좁혀오자 이처럼 극단적 선택을 한 것 같다.

하남경찰서 등에 따르면 경찰은 전날 오후 5시33분쯤 "남편이 검단산으로 외출한 뒤 연락이 두절됐다"는 112 신고를 받고 수색에 착수해 오늘 오전 10시11분쯤 검단산 중턱 유길준 묘 근처에서 전 치안감 김모씨를 발견했다. 경찰 관계자는 "발견 당시 타살 혐의점은 없었다"며 "현장 감식을 진행 중이라 유서를 남겼는지 여부도 확인되지 않았다"고 말했다.

김씨는 이미 구속된 사건 브로커와 관련이 있었다고 한다. 그래도 죽지 말았어야 한다. 죄를 지었으면 죗값을 치르면 되지 왜 죽나. 안타까운 일이 아닐 수 없다. 경찰로서의 자존심 때문이 아닌가도 싶다. 죄를 짓지 말고 살아야 한다. 고인의 명복을 빈다.

공짜가 최고

최고의 마케팅은 뭘까. 공짜로 나눠주는 것이다. 공짜는 양잿물도 마신다고 하지 않던가. 공짜 싫어하는 사람은 보지 못했다. 공짜 다음은 싸게 파는 것. 가성비가 뛰어나면 광고를 안 해도 잘 팔린다. 공짜는 부자들이 더 좋아한다. 최근 스타벅스가 커피를 3000원에 판다고 했다. 보통 커피 한 잔은 4500원 안팎. 1500원 깎아준다고 하니까 긴 줄이 이어졌다.

스타벅스는 지난 13일부터 나흘간 오후 2시부터 5시 사이 카페 아메리카노 톨 사이즈를 평소보다 1500원 저렴한 3000원에 판매하는 '스타벅스 해피아워'를 진행했다. 스타벅스코리아에 따르면 해피아워 행사가 진행된 13일부터 이틀간 행사 시간 아메리카노 판매량은 직전 주 같은 요일인 6~7일 같은 시간대보다 82% 증가한 것으로 집계됐다. 해당 판매량은 1년 전 같은 요일·시간대와 비교하면 93% 늘어난 수치였다.

90년대 초 잠깐 경제부 기자를 한 적이 있다. 전경련도 출입했다. 기업 오너들과 함께 2박3일 지방 산업현장을 돈 적이 있다. 그럼 업체에서 기념 선물을 준다. 기자도, 오너도 줄을 서서 받았는데 오너들은 빠짐없이 챙겼다. 수행 비서도 따로 없어 짐을 직접 들었다. 안 받을 법도 했지만 그렇지 않았다. 왜 그들이 부자가 됐는지 알만했다. 프로야구서 우승한 LG도 29% 할인 행사를 한다고 한다. 공짜 마케팅도 하고.

브로커

미국에는 아예 브로커 사업이 있다. 이른바 로비스트를 말한다. 우리는 로비스트가 합법화되지는 않았다. 그러나 대형 로펌 고문의 경우 로비스트로 보면 된다. 더 심하게 얘기하면 월급 받는 브로커라고 할까. 이들은 딱히 하는 일은 없다. 부처 등을 상대로 대외 창구 역할을 한다. 인맥을 활용해 다리 등을 놓아주는 것. 상당한 대우를 받기도 한다.

지금 광주지역 브로커 사건으로 나라가 떠들썩하다. 캘수록 더 나오고 있다. 전직 지방청장 한 명도 극단적 선택을 했다. 이 사람 말고도 전현직 치안감 4명이 수사 대상이라고 한다. 경찰이 발칵 뒤집혔음은 물론이다. 브로커 한 명이 경찰 조직을 흔들고 있다. 골프 모임이 도화선이 됐단다. 어디 무서워서 골프를 치겠는가. 브로커가 골프를 통해 자기 힘을 과시하고, 경찰 간부 등을 끌어들인 셈이다.

일단 브로커의 타깃이 되면 빠져나오기 어렵다. 브로커들은 수단과 방법을 가리지 않고 접근해 온다. 아는 사람을 통해 밥 한번 먹자고 하거나 골프 한 번 치자고 하면 거절하기 쉽지 않다. 나 역시 밥은 먹는 편이다. 그것마저 노하면 인정머리 없다고 하니 말이다. 브로커는 조심해야 한다. 사람을 겪어보면 안다. 누가 브로커 기질이 있는지.

오풍연의 행복론

지금까지 14권의 책을 냈다. 이 중 12권은 에세이집이고, 두 권만 정치비평서다. 2021년 5월 마지막으로 펴낸 책이 '윤석열의 운명'이다. 매년 한 권 정도 책을 냈는데 2년 6개월가량 쉰 셈이다. 그렇다고 글을 쓰지 않은 것은 아니다. 글은 계속 써왔다. 당장 내일이라도 책을 펴낼 수 있다. 얼마 전부터 짧은 글을 다시 쓰기 시작했다. 이름하여 장편(掌篇) 에세이다. 500자 내외의 짧은 글이다.

15번째 책 제목도 미리 정했다. '오풍연의 행복론'이다. 한 지인이 이런 표현을 쓴다. "형님이 세상 가장 편하게 사십니다." 이를 부인하지 않겠다. 나는 고민하지 않는다. 그렇게 한다고 일이 풀릴 리 없다. 거의 모든 것을 긍정적으로 받아들인다. 초긍정주의자라고 할 수 있다. 따라서 날마다 행복을 노래한다. 나는 일상을 글로 표현하고 있다. 삶 자체를 문학으로 보기 때문이다. 희노애락이 모두 들어 있다.

내년 초쯤 책을 내고 싶다. 그때쯤 가면 원고도 완성될 것 같다. 지금 쓰고 있는 글들이 바로 원고다. 책을 내기 위해 일부러 날짜를 잡고 글을 쓰지는 않는다. 그동안 펴낸 책들도 그랬다. 매일 쓴 글이 원고가 됐다. 지금까지도 그래 왔지만 인세는 전혀 생각하지 않고 있다. 나에게 책 3권만 주면 된다. 그런 출판사가 있으면 연락 달라. 원고를 그냥 드리겠다. 오풍연의 책 내기 방식이다.

5000원의 행복

내가 오직 신경 쓰는 것은 두 가지다. 건강과 먹는 것. 무엇보다 잘 먹으려고 한다. 잘 먹어야 건강하기 때문이다. 그렇다고 비싼 음식을 찾는 것도 아니다. 먹고 싶은 것을 찾아 먹는다. 특히 하루 한 끼는 잘 먹는 편이다. 아침 식사는 단출하다. 사과 한 개, 봉지커피 한 잔. 그것도 보통 2~3시쯤 먹는다. 때문에 점심은 무엇을 먹든 맛있다.

오늘 아침도 3시쯤 사과 1개를 깎아 먹고, 봉지커피를 한 잔 마셨다. 점심은 12시에 먹었다. 북어국에 밥. 점심을 먹으면서 아내에게 말했다. 오늘 저녁은 라볶이를 먹자고. 갑자기 그게 먹고 싶었다. 오후 5시 30분쯤 쿠팡이츠에 들어가 라볶이를 검색했다. 1만5000원 돼야 배달이 가능하다고 나온다. 아내에게 물어보니 집에 있는 밥을 먹겠다고 했다. 1인분은 배달이 안 됐다. 나가서 사올 수밖에 없었다.

집 근처에 죠스떡볶이 집이 있다. 그 집을 찾아갔다. 국물 떡볶이 1인분을 포장해 달라고 했다. 가격은 5000원. 배달비까지 포함하면 2만원가량 나오는데 1만5000원을 아낀 셈이다. 집에 갖고 와서 먹었다. 먹고 싶었던 터라 더 맛있었다. 행복이 따로 없다. 5000원의 행복이다.

초빙교수 시절

'10년 전 오늘 대경대 만학도 어머니들과 함께 찍은 사진. 청도 운문사 근처 식당으로 기억된다.'

내 이력에 교수도 있다. 나를 교수라고 부르는 사람도 적지 않다. 실제로 교수를 했다. 그것도 9학기 동안이나. 2012년 2월 서울신문 국장으로 있다가 사표를 내고 사장에 도전했다가 실패한 뒤 8월까지 6개월가량 쉬었다. 마냥 쉴 수만은 없는 일. 그해 9월부터 대구 대경대서 강의를 하기 시작했다. 일주일에 한 번 내려갔다. 강의는 2시간. 2학점짜리 교양과목이었다. 직책은 초빙교수.

따로 계약은 하지 않았지만 2016년 9월부터 2017년 2월까지 9학기에 걸쳐 강의를 했다. 시간 강사와 달리 월급과 함께 4대 보험 혜택을 받았다. 학교 측에도 고마운 마음을 전한다. 이 기간 동안 딱 한번 결강을 했다. 2016년 3월 폐렴으로 입원하는 바람에 부득이 못 내려갔다. 서울역서 5시30분쯤 출발하는 첫 ktx를 이용하곤 했다. 그럼 경산 자은면 학교에 8시 40분쯤 도착했다. 9시 강의는 문제없었다.

기억에 남는 학생들이 있다. 만학도 어머니들. 대경대는 취업 전문 대학으로 볼 수 있다. 실기 위주의 교육을 한다. 어머니들은 모두 4년제 대학을 졸업하신 분들. 제빵 기술 등을 배우기 위해 다시 전문대학에 들어오신 것이다. 53년생부터 64년생까지 있었다. 이들과 따로 종강 파티를 하기도 했다. 대구 막창집으로 가 소주도 한잔 했다. 지금도 그 어머니들과 가끔 연락을 주고 받는다. 그리운 시절이다.

소비자는 즐거워

올가을 야구 최대 화제는 LG 우승이다. 서울을 연고로 둔 LG가 29년 만에 우승했다. 난리가 났음은 물론이다. 일본처럼 한강에 뛰어든 사람은 없었다. LG가의 야구 사랑은 유별나다. 우승 MVP에게 주려고 사 왔던 롤렉스 시계도 주인을 찾았다. LG 주장 오지환이 주인공이다. 오지환은 1시간 동안 찼다가 다시 내놓았다. 기념물로 전시하기 위해서다.

LG의 팬 서비스도 화끈했다. 일부 가전제품 등에 대해 29% 할인을 적용한 것. 우승도 하고, 싸게 사고. 신나는 일이 아닐 수 없다. 영원한 라이벌 삼성의 입장에선 LG가 부러울 터. 그런데 이번에는 삼성이 더 나갔다. LG보다 할인율을 높였다. 마케팅 차원으로 본다. 소비자는 싫을 리 없다. 두 회사 제품을 모두 싸게 살 수 있어서다.

삼성전자에 따르면 현재 온라인 브랜드숍인 삼성닷컴에서 냉장고, 세탁기 등 2개 품목 이상을 동시에 구매시 기준가 대비 최대 47% 싸게 살 수 있다. 단일 제품의 경우 20~40% 할인율을 적용 받는다. 삼성카드로 결제를 할 경우 금액대별 할인을 달리 적용해 2000만원 이상 결제는 90만원, 1500만원 이상 결제는 70만원, 1000만원 이상 결제는 50만원을 깎아준다. 이번 기회를 잘 활용하라. 횡재하는 느낌 아니겠는가.

한국 라면

누구는 그랬다. 지상에서 가장 맛있는 음식이 라면이라고. 나도 거기에 일정 부분 동의한다. 라면을 좋아하기 때문이다. 사실 라면 한 그릇이면 식사가 된다. 가격도 싸다. 가성비로 쳐도 최고다. 특히 컵라면은 먹기도 간편하다. 라면에 대한 추억도 있다. 80년대 초 카투사 시절. 밤마다 라면을 끓여 먹곤 했다. 그때의 맛은 지금도 잊을 수 없다.

라면은 전세계인이 좋아한다. 독특한 맛과 함께 먹기 편리해서다. 조리법도 간단하다. 물을 넣고 끓여 먹기만 하면 된다. 이처럼 간단한 조리법이 어디 있겠는가. 한국 라면은 종주국 일본보다 더 인기다. 라면도 한류 얘기가 나올법하다. 전세계적으로 라면이 인기를 끌면서 한국 라면도 해외에서 날개 돋힌 듯 팔리고 있다. 관세청 무역통계에 따르면 올해 1~10월 라면 수출액은 7억8525만 달러로 지난해 동기 대비 24.7% 늘었다. 수출액에 원·달러 환율 1300원을 적용하면 1조208억 원으로 라면 수출액이 1조 원을 넘은 것은 사상 처음이다.

우리나라가 라면을 제일 좋아할까. 그렇지 않다. 라면 소비량은 중국과 인도네시아가 각각 1·2위를 차지했고 인도가 뒤를 이었다. 베트남과 일본이 각각 4·5위로 선두권을 형성했다. 한국은 미국, 필리핀에 이어 8번째로 많다. 나도 일주일에 평균 한 번 이상 라면을 먹는다. 때론 먹고 싶을 때가 있다.

공한증2

역시 손흥민이었다. 펄펄 날았다. 그것도 적진에서. 중국은 한국의 적수가 되지 못 했다. 우리 선수들은 일방적인 응원에도 불구하고 중국을 물리쳤다. 3대0. 손흥민의, 손흥민에 의한, 손흥민을 위한 경기였다. 슈퍼스타임을 입증했다. 중국은 손흥민을 못 막았다. 2골, 1도움. 혼자 다 했다고 해도 과언이 아니다. 중국이 숨도 못 쉬게 하겠다는 그의 말대로 됐다.

한국은 어제저녁 중국 선전의 유니버시아드 스포츠센터에서 열린 2026 월드컵 아시아지역 2차 예선 조별리그 C조 2차전에서 중국을 3-0으로 꺾었다. 손흥민은 경기 후 "중국 원정은 매우 특별한 경험이다. 원정은 어렵지만 우리는 경기장에서 잘 해냈다"며 "승점 3점을 얻을 만한 경기였다. 지금 대표팀은 한국 역사상 가장 뛰어난 선수진이 포진했다"고 말했다.

영국을 방문 중인 윤석열 대통령도 손흥민을 언급했다. 의회 연설을 통해서다. 영국에 비틀즈 베컴이 있다면 한국에는 BTS 손흥민이 있다고 했다. 손흥민이 있는 한국은 무적이다. 그가 써 내려가는 한국 축구는 앞날이 밝다. 잘 싸웠다. 파이팅!

서울은 딴 세상

대한민국 부자들은 다 서울에 산다고 해도 과언이 아니다. 서울에 모든 게 몰려 있는 것과 무관치 않다. 돈도 서울에 집중돼 있다. 부산이 제2의 도시라고 하지만 서울과 비교하면 초라하기 짝이 없다. 조선호텔 뷔페 이용권을 여비서에게 주고, 친구와 가라고 했다. 여기서 놀라운 사실을 발견했다.

예약을 하려고 하니 주말은 물론 평일도 만석이라고 했다. 그래서 대기 순번을 받아 놓았단다. 경제가 안 좋다고 해도 특급 호텔은 영향을 받지 않는 듯하다. 뷔페 1인당 20만원 가까이 한다. 4인 가족이 가서 와인 한 잔 곁들이면 100만원은 나올 터. 그런데도 자리가 없다고 하니 놀랄 일이다. 이 호텔 뷔페도 유명하긴 하다. 그도 그렇지. 연말까지 꽉 차 있다니 딴 세상을 보는 것 같다.

호텔들은 배짱 장사를 한다. 뷔페 요금을 올려도 손님이 줄지 않는다. 영향을 받지 않는다는 얘기다. 뷔페 20만원은 비싸다. 서민들에게는 그림의 떡이다. 물론 나는 뷔페를 거의 이용하지 않는다. 한 접시밖에 먹지 않기 때문에 본전이 생각나서다. 그들만의 세상을 본다.

칼국수

나는 어느 음식이든 안 가리고 잘 먹는다. 못 먹는 게 없다. 특히 면 종류를 좋아한다. 이태리 식당에 가도 파스타만 먹는다. 수제비, 자장면, 칼국수 등 국수 음식은 다 좋다. 여의도에 온 이후 국수 종류를 먹고 싶어도 거의 못 먹었다. 국수집 가운데 방이 있는 곳은 없어서다. 전체 직원과 팀을 짜 식사를 해왔는데 대부분 룸에서 했다.

어제 부·팀장 등 간부들과 내일 점심은 국수를 먹자고 했다. 그래서 오늘 마침내 칼국수를 먹었다. 회사 옆 여의도 종합상가 3층 국수집으로 갔다. 겨우 자리를 차지해 네 명이 앉았다. 칼국수 3개, 떡만두 1개, 빈대떡 한 개를 시켰다. 나는 칼국수를 먹었다. 면발도 좋고, 국물도 시원했다. 점수를 매기자면 95점. 무엇보다 가격이 쌌다. 1만2000원. 빈대떡도 1만2000원 받았다. 넷이 푸짐하게 먹고 6만원을 냈다.

여의도는 밥값이 비싸다. 룸에 들어갈 경우 1인당 3만~3만5000원을 잡아야 한다. 점심 한 끼 값으론 부담된다. 반면 칼국수는 가격이 싸 경제적이다. 다음에 또 오자고 했다. 단골집을 하나 발견했다. 이것도 삶의 지혜다.

블랙핑크

한국의 젊은 가수들이 세계를 주름잡고 있다. 무척 자랑스런 일이다. 이제는 하나의 트렌드로 자리잡았다. 우리 가요를 전세계 청소년들이 따라 부를 정도이다. 아이돌도, 걸그룹도 인기 상종가다. 걸그룹 중에는 블랙핑크가 있다. 요즘 뉴진스의 인기가 대단하지만 블랙핑크에 못 미친다고 본다. 블랙핑크는 멤버 넷 다 유명 인사다.

영국 찰스 국왕도 이들의 이름을 언급했다. 영국을 방문 중인 윤석열 대통령 내외와 만찬을 하는 자리에서다. 그는 "특히 대한민국의 젊은 세대들이 자연유산 보호와 개발간 균형 운동에 동참하고 있다는 것은 참으로 고무적"이라면서 "세계인들에게 환경적 지속성에 대한 메시지를 전파한 블랙핑크의 멤버들인 제니, 지수, 리사, 로제에게 박수를 보낸다"고 말했다. 국왕도 이들 네 명을 안다는 얘기다.

블랙핑크 멤버 4명은 모두가 홍보대사다. 각자 엄청난 팬을 갖고 있기도 하다. 최근 윤 대통령의 미국 방문 때는 지수가 두 나라 대통령 영부인 사이에 끼어 대화를 하기도 했다. 국위 선양에 앞장선다고 할 수 있다. 블랙핑크의 인기는 식을 줄 모른다. 이미 톱랭커들이다.

기록을 세운 날

기록은 깨지는 법. 그러라고 기록을 정리한다. 나는 끊임없이 기록에 도전한다. 누구에게 보여주기 위해 그러지 않는다. 나와의 약속, 자기만족을 위해 도전을 멈추지 않는다. 서울신문 사장 도전만 해도 그렇다. 2012년부터 지금까지 네 번 도전했다. 전무후무한 일이다. 또 공모를 한다면 도전할 생각이 있다. 5전6기의 기록에 도전하는 셈이다.

지금 쓰고 있는 오풍연 칼럼도 그렇다. 여태껏 하루 최고 기록은 6개다. 오늘은 그것을 넘어섰다. 지금 쓰고 있는 칼럼이 8개째다. 의도하고 쓴 것은 아니다. 쓰다 보니까 그렇게 됐다. 힘을 빼고 쓰기 때문에 가능하다. 꼭 몇 개를 써야겠다고 생각하면 못 쓴다. 그것 역시 스트레스다. 스트레스를 받으면 여기까지 오지 못한다.

오늘도 지인이 사무실을 다녀갔다. 어떻게 날마다 그런 글을 쓸 수 있느냐고 물었다. 신기하다고도 했다. 그렇지 않다. 보통 사람이 하는 일을 글로 옮기고 있을 뿐이다. 누구나 할 수 있다. 다만 글로 옮기지 않는다고 하겠다. 거창한 소재를 찾으면 이처럼 쓸 수 없다. 오풍연의 글쓰기다.

책은 돈 주고 사야

"저도 책 읽는 것을 좋아하고 교보문고에서 책을 구입하여 구독한 다음 소장합니다. 직접 돈을 지불하고 구입하면 꼭 읽어집니다." 한 지인이 남긴 댓글이다. 그렇다. 가장 흔한 게 공짜 책이다. 책을 그냥 주면 고마워하지 않는다. 오히려 귀찮아한다. 읽지도 않는데 왜 주느냐는 것. 이런 경우가 많다.

나는 밥도 잘 사고, 술도 잘 사는 편이다. 그러나 책 인심은 짜다고 소문나 있다. 그동안 14권의 책을 냈지만 공짜로 준 적은 거의 없다. 그 이유는 간단하다. 내 돈 내고 사지 않으면 안 읽기 때문이다. 지인의 말 그대로다. 책을 그냥 달라고 하는 사람도 있다. 이는 결례다. 읽을 마음이 있는 사람에겐 책을 사서 보내 줄 생각도 있다. 그러나 책 읽는 사람이 적다.

나는 장모님 친구들에게도 책값을 받았다. 책을 드리면서 1000원, 혹은 2000원을 받기도 했다. 책을 거저 안 주는 내 원칙을 지키기 위해 그랬다. 하지만 독자가 있는 곳은 어디든지 찾아간다. 실제로 독자를 찾아 광주·대구·대전을 다녀오기도 했다. 책값보다 교통비가 더 들었음은 물론이다. 앞으로 15번째 책이 나올 예정이다. 선주문이라도 받아야 하나.

유종지미

일에는 처음과 끝이 있다. 처음도 중요하지만 끝이 더 중요하다. 마무리를 잘해야 한다는 얘기다. 그러나 실천은 쉽지 않다. 그것 역시 욕심 탓이다. 자리는 그렇다. 하루라도 연장하고 싶은 게 사람의 심리다. 무릇 자리에는 임기가 있다. 그 임기만 딱 마치는 게 가장 좋다. 임기제의 취지와도 맞다.

나는 지금까지는 그래왔다. 2012년 서울신문 사장에 도전할 때도 원서 접수 시작하기 전날 사표를 냈다. 그랬더니 왜 그랬느냐고 한마디씩 했다. 접수 마지막 날 사표를 내면 보름치 월급을 더 받을 수 있다는 이유에서였다. 나는 그렇게 살지 않았다. 정리는 깨끗해야 한다. 임기가 끝났는데 안 나가고 버티는 사람들을 본다. 그 사람의 인격이 다시 보이기도 한다.

임기 또한 자기와의 약속이다. 임기가 끝났는데도 남아 있으면 직원들이 불편해한다. 후임자가 와서 해야 할 일을 전임자가 하는 격이니 그렇지 않겠는가. 안 나가면 나가라고 할 수는 없다. 나는 그러지 않아야 되겠다고 다짐한다. 오풍연 스타일이다.

도 넘은 청첩장

뭐든지 자나치면 안 된다. 넘지 말아야 할 선이 있다. 오늘 점심 먹으면서 들은 얘기다. 청첩장을 받았는데 ATM이 없다는 문구도 적혀 있었다고 했다. 일반 예식장이 아니니 그 점을 참고해 달라는 뜻으로 해석된다. 식장은 레스토랑이었다고 했다. 다시 말해 현금을 찾을 수 없으니 미리 봉투를 만들어 오라는 것. 이를 어떻게 받아들여야 할까.

친절하다고 해야 할까. 보통 예식장에 가면 ATM 기계가 있다. 현금을 갖고 가지 않더라도 해결할 수 있다. 예식장 측에서는 따로 빈 봉투를 비치해 두고 있다. 아무리 편리한 세상이라고 해도 ATM이 없다는 얘기는 너무 한 것 같다. 설령 ATM이 없어 돈을 찾지 못하면 나중에 계좌 이체 시킬 수도 있다. 이런 친절은 눈살을 찌푸리게 한다.

무릇 금도라는 게 있다. 청첩장이든 부고든 받는 사람 입장도 생각해야 한다. 상대방이 받아서 언짢으면 보내지 말아야 한다. 연락처를 안다고 모두 보내는 사람도 있다. 관혼상례도 예절을 지키자.

가는 날이 장날이라더니

내일 올 들어 두 번째 라운딩을 한다. 두 달 전쯤 잡아 놓았던 약속이다. 올해 한 번만 치려고 했는데 한 번 더 나가는 셈이다. 그런데 날씨까지 춥다고 하니 걱정스럽다. 안 나갈 수도 없고. 골프 약속은 이 같은 우스개 소리도 한다. 본인상 외에는 반드시 지켜야 한다고. 그만큼 중요하다는 얘기이기도 하다.

골프에 흥미는 없다. 아주 안 칠 수는 없어 연중행사로 한 번가량 쳐왔다. 내일은 몇 개쯤 칠까. 100개 안에 들어오는 것은 불가능 할 듯하다. 일단 108개가 목표다. 모두 더블을 했을 경우다. 힘을 빼고 치려고 해도 그렇게 안 된다. 추운 날씨도 라운딩을 어렵게 할 것 같다. 골프장은 대부분 산에 있어 평지보다 더 춥다.

어쨌든 재미있게 치고 오려고 한다. 목표는 전후반 파 하나. 지인 차로 간다. 골프장은 소피아그린. 우리 집에서 100km쯤 된다. 아침 6시 출발할 예정이다. 이번 치고 나면 내년 봄에나 다시 나갈 터. 오늘은 푹 자야 되겠다. 그래야 컨디션이 좋다.

도대체 몇 시간 잡니까

내가 부지런한 것은 맞다. 그래서 스스로도 부지런하다고 말한다. 나처럼 하루를 일찍 시작하는 사람은 거의 없을 것으로 본다. 요즘 조금 늦어지기는 했지만 새벽 2시 전후로 일어나 하루를 시작한다. 오늘 역시 1시 30분쯤 일어났다. 사과 1개, 커피 한 잔을 먹은 것도 똑같다. 날이 추워 보일러를 올렸다.

내 일상을 궁금해하는 사람들이 많다. 도대체 하루 몇 시간 자느냐는 질문을 가장 많이 받는다. 잠이 부족할 것이라는 얘기. 하루 평균 4~5시간가량 잔다. 이 같은 패턴을 15년 이상 유지해 왔다. 이보다 더 자면 오히려 몸이 무겁다. 낮에 졸립지 않느냐고 한다. 그렇지 않다. 졸릴 경우 자면 되는데 졸립지 않으니 말이다. 습관이 되면 자연스럽다.

나는 잠을 줄이라는 얘기를 많이 한다. 그래야 뭐든지 이룰 수 있다. 먹을 것 다 먹고, 놀 것 다 놀고, 잘 것 다 자면 시간이 부족하다. 시간도 무한대로 있지 않다. 따라서 아껴 써야 한다. 시간도 돈이다. 돈은 아껴 쓰면서 시간을 허투로 쓰면 안 된다. 오풍연의 시간 관리다.

골프는 내년 4월에나

올해 납회를 했다. 지난 9월 첫 라운딩을 하면서 납회라고 했는데 부득이한 약속 때문에 오늘 납회를 했다. 자의라기 보다는 타의에 의해서다. 어쨌든 골프 약속은 지켜야 한다. 날씨는 예상보다 덜 추웠다. 많이 추울 줄 알았는데 딱 좋았다. 바람이 불지 않아 괜찮았다. 운동이 끝나고 점심 먹을 때는 약간 더워 문을 열어 놓았다.

오늘도 느낀 바지만 골프가 생산적인 운동은 못 된다. 집에서 6시 정각 출발했다. 골프장은 여주에 있는 소피아그린cc. 100km 정도 된다. 7시 50분쯤 도착했다. 티업 시간은 8시 57분. 오후 1시 반쯤 운동이 끝났다. 샤워를 하고 점심을 먹은 뒤 2시 반쯤 출발했다. 집에 오니까 5시. 11시간을 보낸 셈이다. 다른 일은 할 수 없다.

올해 라운딩은 이것으로 끝이다. 이제 내년을 기약해야 한다. 나는 연중 행사로 골프를 즐긴다. 1년에 한 번 아니면 두 번. 내년에도 4월, 10월 정도를 생각하고 있다. 주말에 아내를 돌봐야 하는 이유도 있다. 나에게 골프는 맞지 않는다. 시간을 너무 많이 잡아먹어서.

교직원공제회 오풍연 이사의 '행복론'

머지않아 15번째 책을 낼 것이라는 말씀을 드렸다. 지난 9월부터 글을 써왔다. 내가 사는 얘기를 담았다. 책을 내려면 제목을 정해야 한다. 내용 못지않게 제목이 중요하다. 이것저것 생각해 보았다. 내가 제일 추구하는 것은 행복이다. 그래서 통제목으로 '행복론'을 떠올렸다. 하지만 밋밋하다는 생각이 들었다.

두 번째로 '거기 어떻게 갔어요'를 생각했다. 내가 교직원공제회에 들어간 것을 궁금해해 그 답을 찾는 차원이다. 이것 역시 진부하다는 느낌을 받았다. 어제 새벽 마침내 정했다. 교직원공제회 오풍연 이사의 '행복론'이다. 이번 책을 내게 된 계기와 관련이 있다. 공제회에 들어온 뒤 집중적으로 글을 썼기 때문이다.

아무래도 내 삶은 공제회를 벗어날 수 없다. 하루 일과는 공제회에서 시작해 공제회로 끝난다. 이제 4개월 보름 됐다. 64살에 문을 두드렸다. 내 인생 3막의 시작이다. 2026년 7월까지 공제회 식구들과 한솥밥을 먹는다. 행복의 역사 또한 하루하루 쓴다.

메모하는 습관을 길러라

사람의 기억력에는 한계가 있다. 아무리 머리가 좋은 사람도 모두 기억할 수는 없다. 따라서 메모하는 습관을 길러야 한다. 기록이 중요하다는 얘기다. 가령 약속 같은 경우다. 메모해 두지 않고 기억해 두면 언제 잊어먹을지 모른다. 요즘은 메모해 두는 수단이 너무 많다. 따로 펜을 꺼내지 않더라도 휴대폰에 메모해 둘 수 있다.

메모왕은 김대중 전 대통령이다. 청와대 출입기자 때의 일이다. DJ는 출입기자단과 종종 기자회견, 또는 간담회를 갖곤 했다. 그때마다 큰 대학노트를 들고 들어온다. 나는 전체 기자단 간사로서 DJ 바로 오른쪽에 앉았다. 그래서 다 지켜볼 수 있었다. DJ는 질문 하나하나 메모한다. 혹시 잘 안 들리면 나에게 물었다. "지금 뭐라고 했죠" 그럼 내가 보충 설명을 해드렸다.

그렇다. 메모하는 사람은 당할 수가 없다. DJ는 특히 숫자에 강했다. 중요한 통계 등은 직접 메모를 했다. 수석이나 비서관, 장관 등이 보고를 들어갔다가 진땀을 흘린 일이 적지 않았다. 메모는 습관이다. 평소 잘 기록해 둘 필요가 있다. 돈도 안 든다. 마음만 있으면 된다.

베스트셀러

작가라면 누구나 꿈꾼다. 베스트셀러를 기록하는 것. 과연 어떤 책이 이 범주에 들까. 그 판단은 독자의 몫이다. 수많은 독자들이 책을 구입하고 읽어줘야 베스트셀러 반열에 오른다. 요즘 100만부를 돌파했다는 얘기는 들어보지 못했다. 10만권만 팔려도 베스트셀러라고 할 법하다.

무엇보다 책 읽는 인구가 적다. 책을 보는 시간에 스마트폰 놀이를 하는 게 더 낫기 때문이다. 사실 지식의 보고는 책이다. '남아수독오거서라'는 말도 있다. 남자라면 수레 다섯 개 분량의 책을 읽어야 한다는 뜻이다. 책을 많이 읽으면 수양도 된다. 그 속에 지혜가 있는 까닭이다. 그런데도 책을 멀리하니 문제는 문제다.

나의 15번째 책은 어떤 평가를 받을까. 그것 역시 알 수 없다. 오풍연의 사는 얘기여서 시시하다고 할지도 모른다. 그러나 나는 가식을 모른다. 문학 역시 사실에 바탕을 두어야 한다고 생각한다. 솔직한 심정은 있다. 많은 사람들이 읽어줬으면 좋겠다.

우리도 무인 계산대 없어질까

요즘 마트에 가면 무인 계산대가 더 많다. 소비자가 물건을 고른 뒤 바코드를 대면 자동 계산되는 방식이다. 편리한 점도 많다. 젊은 사람들은 대부분 무인 계산대를 이용한다. 그러나 나이 드신 분들은 유인 계산대 앞에 선다. 무인 계산대 무용론이 고개를 들고 있다는 소식이다. 무엇보다 소비자 만족도가 떨어져 무인 계산대를 없애고 있다고 한다.

무인 계산대를 포기하는 유통 기업들이 최근 늘어나고 있다. 2000년대 들어 인건비 절감을 목적으로 도입하기 시작한 무인 계산대는 대면 접촉을 꺼리는 팬데믹 기간에 보급 속도가 빨라졌다. 미국식품산업협회 설문조사에 따르면 재작년 미국 식료품 소매유통업체의 96%가 무인 계산대를 사용하고 있었다. 그러나 계산 실수가 잦고 상품을 훔치는 사례가 늘어나면서 무인 계산대의 인건비 절감 효과가 반감된다는 분석이 나오고 있다. 게다가 "계산 업무를 고객에게 떠넘긴다"는 인식도 있다.

우리는 어떨까. 아직 무인 계산대를 치우는 매장은 보지 못했다. 하지만 우리도 외국처럼 따라가지 않을까. 계산 방식도 시대 따라 변한다. 무인 계산대 제조 업체도 고민해야 할 것 같다.

커피 마니아

나는 담배를 피우지 않고 술도 끊었다. 대신 커피를 많이 마신다. 커피를 물 마시듯 한다. 커피에 중독된 걸까. 그냥 커피가 좋다. 남들은 커피를 마시면 잠이 안 온다고 한다. 그러나 나는 아무리 커피를 많이 마셔도 괜찮다. 잠자기 전에도 마실 때가 있으니 말이다.

새벽에 눈을 뜨자마자 봉지 커피를 마신다. 그리고 출근 전에 한 잔 더 먹는다. 회사엔 7시 40분쯤 출근한다. 여비서가 8시쯤 커피를 내려준다. 오전 근무 중 한두 잔 더 마신다. 그리고 점심 시간. 식사를 마치면 또 커피. 오후 2~3시쯤에도 마신다. 회사에서만 하루 평균 5잔 안팎을 마신다. 이쯤 되면 커피 마니아라고 할 수 있지 않을까.

그전에는 믹스 커피를 주로 마셨다. 커피 맛보다 크림·설탕 맛이 더 강하다. 단맛에 먹은 것으로 볼 수 있다. 지금은 원두 커피를 마신다. 아메리카노. 비서도 무조건 커피를 준다. 다른 음료는 거의 마시지 않기에.

뉴진스를 어떻게 알아요

명색이 작가임을 내세우고 있다. 다양한 분야에 걸쳐 관심을 갖고 있다. 그래야 글도 쓸 수 있다. 나는 관심사를 글로 표현한다. 노래만 해도 그렇다. 우리 세대가 즐겨 듣는 트로트뿐만 아니라 젊은이 취향의 노래도 듣는다. 공제회 젊은 직원들과도 얘기할 기회가 있다. 내가 아이돌이나 걸그룹 이름을 줄줄이 대니까 놀란다. "이사님이 그런 것도 알아요"라고 한다.

걸그룹 노래도 가끔 듣는다. 솔직히 귀에 들어오지는 않는다. 가사가 안 들린다. 영어인지, 우리말인지 분간할 수도 없다. 하지만 젊은이들은 귀에 쏙쏙 들어온단다. 블랙핑크 뉴진스 아이브 에스파 등을 안다. 이들 멤버들에 대해 글을 쓰기도 했다. 그러려면 노래를 들어봐야 한다. 모르고서는 글을 쓰기 어렵기 때문이다.

요즘 최고의 그룹은 뉴진스다. 이들이 광고계도 점령한 것 같다. 이들의 인기가 어느 정도인가 본다. 올해 11월 가수 브랜드평판 30위 순위는 뉴진스, 임영웅, 방탄소년단, 아이브, 세븐틴, 에스파, 악동뮤지션, 레드벨벳, (여자)아이들, 김호중, 르세라핌, 블랙핑크, 이찬원, 트와이스, 영탁, 아이유, 태연, 규현, 성시경, 박진영, 정동원, 싸이, 오마이걸, 전소미, NCT, 적재, 이승윤, 임한별, 카더가든, 박재범 순이다. 이제는 뉴진스의 시대다.

동네 이발관

오늘도 이발을 했다. 나는 미용실 대신 동네 이발관을 이용한다. 오랫동안 다녀 단골이 됐다. 원래 일요일은 쉰다고 했다. 예약하지 않고 가도 되는 곳이기에 그냥 둘러봤다. 마침 영업을 하고 있었다. 이발관 사장님은 할 일이 없어 나왔다고 했다. 사장님은 나보다 10살 많다. 올해 74살. 지금 자리에서 20년 이상 머리를 깎아 왔다.

사장님과 이런저런 얘기를 한다. 옛날 얘기가 화제에 오른다. 요즘은 매주 일요일 쉬지만 예전에는 한 달에 두 번가량 쉬었다고 했다. 또 일요일은 손님이 많았는데 지금은 그렇지 않다고 했다. 주 5일 근무에다 노는 날이 많아 일요일에 머리 깎는 사람이 적다는 것. 이발관 풍속도 이처럼 바뀌었다.

이 이발관은 아주 허름하다. 60~70년대를 연상시킨다. 젊은 사람들은 오지 않는다. 손님은 모두 나이든 분이다. 이발 요금도 싸다. 커트에 1만 2000원. 뒷 면도까지 해준다. 미용실은 최소 2만원. 3만원 이상 하는 곳도 있다. 얼마나 경제적인가. 머리 스타일도 좋다. 이용하지 않을 이유가 없다.

보신탕

개고기 식용 금지를 놓고 시끄럽다. 식용 개를 키우는 축산 농가는 단체 행동도 불사할 태세다. 보신탕. 한국 사람들이 즐겨 찾던 음식이다. 개고기로 탕을 끓인 것. 개고기는 탕과 함께 수육, 무침 등을 먹는다. 나도 셋 다 잘 먹었다. 그러나 요즘은 먹고 싶어도 개고기를 파는 식당이 드물다. 시내 중심가에선 찾아볼 수가 없다. 변두리엔 더러 있는 것 같다.

내가 20년 이상 단골로 다니는 불광동 통나무집도 예전엔 개고기를 팔았다. 손님이 정말 많았다. 특히 여름에는 빈자리가 없을 정도였다. 그런데 몇 년 전부터는 아예 팔지를 않고 있다. 찾는 손님이 없어 그렇단다. 개고기 자리를 흑염소가 차지했다. 흑염소 전골, 수육 등을 판다. 옻오리와 함께. 나도 통나무집에 가면 주로 흑염소 전골을 먹는다.

개고기를 먹으면 안 된다고 법으로 규제할 필요가 있을까. 식용 금지를 하지 않더라도 자연스럽게 퇴출되지 않겠는가. 애완견을 키우는 가정이 늘면서 개를 먹는 사람도 줄고 있다. 법이 능사가 아니라는 생각도 든다. 이것 역시 시장에 맡기자.

정책·자문위원

정부 각 부처마다 위원회를 두고 있다. 각계 전문가로부터 조언을 듣기 위해서다. 이 같은 위원회에는 대학교수, 언론인 등이 참여한다. 나도 여러 위원회에 참여한 바 있다. 지금도 산림청 자문위원으로 참여하고 있다. 이런 위원회에 참여하면 정부 시책을 직접 들을 수 있어 좋다.

가장 기억에 남는 것은 법무부 정책위원이다. 2019년부터 2012년까지 만 3년간 참여했다. 이 위원회는 매달 한 번씩 열렸다. 명목뿐인 위원회가 아니라 활발한 토론이 이뤄졌다. 정책에 반영되기도 했다. 당시 함께했던 정책위원들과 여백회라는 모임을 만들어 1년에 두 번씩 만나고 있다.

1년에 한두 번 회의를 하는 위원회도 있기는 하다. 사실 그 같은 위원회는 있으나 마나 하다. 그럴 바에는 안 두는 것이 낫다. 대표적인 전시 행정이라고 할까. 기왕 하려면 분기별로 한 번씩은 모여야 한다.

기업 도덕 선생

요즘 기업들이 윤리 경영에 박차를 가하고 있다. 이른바 ESG와도 관련이 있다. 기업의 사회적 책임도 묻는 것이다. 지금은 하나의 트렌드로 자리 잡고 있다. 우리 기업들이 윤리경영에 소홀한 측면이 없지 않다. 삼성도, SK도, LG도, 롯데도 후한 점수를 주기 어렵다. 이런저런 문제가 적지 않다는 게 그것을 말해주고 있다.

내가 바라는 바가 있기는 하다. 이들 기업의 도덕(윤리) 선생을 하면 잘 할 것 같다. 기업들은 대법관 출신 등을 ESG 위원장으로 위촉하고 있다. 그런데 꼭 법조인이어야 하는지 묻고 싶다. 물론 법관들은 윤리를 중시한다. 법관이 아니면서도 더 윤리적인 사람들이 있다고 생각한다. 나도 그 자리에서는 얼마든지 역할을 할 수 있다고 여긴다.

나는 도덕주의자. 윤리를 강조한다. 1988년부터 들은 별명이 젠틀맨이다. 실제로 도덕의 범주에 벗어나는 일은 한 적이 없다. 공제회 임원 3년을 마치고 나간 뒤 그런 일을 했으면 한다. 나를 불러주는 기업이 있을까.

애경사 챙기기

사람 노릇해야 할 때가 많다. 돈도 있어야 하고, 시간도 내야 한다. 결혼식장이나 장례식장에 갈 때 빈손으로 갈 수는 없다. 다 챙기기는 현실적으로 불가능하다. 나름 기준과 원칙을 세워야 한다. 품앗이 성격이 강하기에 남이 한 만큼 나도 해야 한다. 그게 상식이다.

오늘도 목동 이대병원 장례식장에 다녀왔다. 우리 공제회 과장 아버지가 돌아가셔서 직접 문상을 했다. 최근에만 세 명이 상을 당했다. 회원사업 직군이 아니거나 지방에 빈소가 있을 경우 조의금만 보낸다. 내 직속인 회원 쪽 직원이 상을 당하면 먼저 전화를 해 잘 치르라고 위로한다. 그리고 수도권에 빈소가 있으면 방문한다. 다른 쪽 직원들에겐 메시지를 보낸다.

결혼식장은 가지 않고 축의금만 보낼 때가 훨씬 많다. 가족과 친구 위주로 작은 결혼식을 치르는 것과 무관치 않다. 식대도 많이 나와 안 가는 게 도와주는 격이 되기도 한다. 장례식장은 가급적 가려고 한다. 고인에게 마지막 작별 인사라도 하기 위해서다. 문상객이 많아도 상주에게 별 부담이 안 된다. 애경사 챙기기의 ABC다.

부산 엑스포

부산 엑스포 유치가 가능할까. 오늘 자정쯤 뚜껑이 열린다. 한국과 사우디의 2파전을 점치기도 한다. 이탈리아 로마는 조금 밀리는 느낌이다. 그러나 승부는 알 수 없다. 182개국이 투표에 참여한단다. 사우디는 오일머니를 물쓰 듯하고 있다. 10조 이상을 썼다고 한다. 물량 공세를 편 셈이다.

늘 그렇듯이 표심은 모른다. 외신들은 사우디의 우세를 점친다. 우리 언론은 결선 투표를 기대하고 있다. 3위가 예상되는 이탈리아 표를 끌어모아 역전승을 거두겠다는 것. 작전대로 됐으면 좋겠다. 5대 그룹 총수들도 파리 현지서 유치 작전에 올인하고 있다. 재계도 힘을 합치고 있다. 느낌은 나쁘지 않다.

부산은 제2의 도시다. 그러나 서울에 비하면 너무 낙후돼 있다. 우선 인프라가 많이 떨어진다. 엑스포 같은 큰 행사를 하면 도시 전체가 달라진다. 부산도 변해야 한다. 엑스포 유치를 하면 큰 계기가 될 터. 꼭 유치했으면 하는 바람이다.

추천사

15번째 책을 내기 위해 세 분께 추천사를 부탁했다. 모두 흔쾌히 오케이 하신다. 거듭 고마움을 전한다. 나를 가장 잘 알만한 분들이다. 공병영 글로벌사이버대 총장, 김종환 대표, 성보석 목포 백세재활요양원 원장 등이다. 추천사를 부탁할 때 총리나 국회의장, 장관 등 고위직에게 부탁하기도 한다. 그들의 영향력을 기대하는 측면도 있다고 하겠다.

공 총장님은 청와대 출입기자 시절 인연이 닿았다. 총장님은 당시 행정관으로 계셨다. 교육부 국장을 끝으로 나와 충북도립대 총장도 지내셨다. 김 대표는 나랑 동갑내기. 울산서 어업을 하고 있다. 대단한 능력의 소유자다. 성 원장은 아끼는 동생이다. 새벽 6시 전후로 날마다 안부 전화를 하는 친구이기도 하다. 세 분의 추천사가 기대된다.

추천사도 어려운 부탁이다. 쉬울 것 같지만 신경이 쓰일 터. 그 사람을 잘 알아야 하기 때문이다. 오늘 광교신문 지용진 대표가 사무실을 다녀갔다. 출판사 혜민의 대표이기도 하다. 즐겁게 만들자고 했다. 옥동자를 낳기 위해.

금의환향

대전은 제2의 고향이다. 충남 보령서 초등학교 5학년 다니다 대전으로 전학을 갔다. 고등학교를 졸업할 때까지 7년간 자취 생활을 했다. 그래서 대전은 익숙한 편이다. 오늘 대전에 내려간다. 출장이다. 공제회 대전 충남 세종지부를 방문한다. 회원사업이사로서 지부 직원들을 격려하기 위한 차원이다.

사실 업무로 대전에 갈 일은 거의 없었다. 서울에서 가까운 거리. KTX로 1시간이면 간다. 오늘 대전에 갔다 오면 두 군데 남는다. 의정부 경기북부 지부와 청주 충북지부. 의정부는 12월 4일, 청주는 6일 각각 방문할 예정이다. 그럼 전국 18개 시도지부 방문이 끝난다. 긴 일정이었다.

고향인 보령에도 연고가 없다. 조상들을 모신 산소만 있다. 모두 고향을 떠났기 때문이다. 솔직히 고향으로 돌아가고 싶은 마음은 없다. 그보다는 서울 근교 한적한 곳에 터를 잡았으면 좋겠다. 그런 꿈이 이뤄질까.

대기업 임원

기업의 별. 임원을 두고 말한다. 직장인들의 꿈이기도 하다. 그러나 모두 임원이 될 수는 없다. 선택받은 사람만 별을 단다. 군 장성과 다르지 않다. 임원이 되면 많은 게 달라진다. 연봉도 크게 뛴다. 처우도 바뀐다. 승용차는 기본으로 준다. 기사를 제공하기도 한다. 여비서도 딸린다.

직장인 중 몇 명이나 임원이 될까. 100명에 1명꼴도 못 된다. 쉽지 않은 도전이다. 기업분석전문 한국CXO연구소에 따르면 올해 상장사 매출액 100대 기업 직원이 임원으로 승진할 수 있는 확률은 0.83%로, 작년(0.82%)과 비슷한 수준인 것으로 나타났다. 산술적으로 전체 직원 중 임원 비중은 올해 119.8대 1 수준으로 조사됐다. 이는 직원 120명 정도가 치열하게 경쟁해 1명 정도만 겨우 임원 자리에 오를 수 있다는 얘기다.

임원에 오르기까지 과정도 험난하다. 경쟁에서 이겨야 하는 까닭이다. 실적도 내야 한다. 특히 실적이 발목을 잡는다. 성과주의가 자리를 잡아서다.

오풍연의 행복론 1호 독자는?

책을 낼 때 가장 고민하는 것이 제목이다. 제목도 중요한 까닭이다. 머릿속에 여러 개를 구상했다. 교직원공제회 오풍연 이사의 행복론으로 할까 했다. 제목이 너무 길다는 생각이 들었다. 그래서 오풍연의 행복론으로 최종 결정했다. 한 번 손대기 시작하면 끝이 없다.

오풍연의 행복론 1호 독자는 누가 될까. 예전 페이스북 활동을 활발히 할 때는 페이스북을 통해 주문을 받기도 했다. 지금은 페이스북을 하지 않는다. 따라서 내가 달리 알릴 방법은 없다. 누가 대신 알려주지 않는 한. 밴드 회원만 자초지종을 안다.

1호 독자께는 점심을 대접하려고 한다. 책은 그렇다. 돈을 내고 사야 목차라도 읽는다. 추천사도 받았다. 올해 안에 나올 것도 같다. 독자들에게 작은 위안이라도 주었으면 하는 바람이다.

▎ 11월을 보내며

올해도 딱 한 달 남았다. 11월 30일이다. 1시 30분쯤 일어났다. 겨울밤이 길긴 하다. 나는 초저녁 잠이 많아 일찍 잔다. 대신 일찍 일어나 하루를 시작한다. 그렇게 일찍 일어나면 심심하지 않느냐고 묻는 분들이 많다. 그럼 일찍 일어나지 못한다. 다 노하우가 있다. 새벽을 즐기면 된다.

심심하지 않다. 나만의 시간을 갖는 게 좋다. 나는 이를 황홀하다고 표현한다. 모두 잠든 시간에 혼자 즐기니 스릴도 있다. 그것은 아무도 모른다. 때론 감동이 벅차오르기도 한다. 가슴 속에서 뜨거운 게 올라온다. 무아지경이라고 할까. 하여튼 그렇다.

12월은 올해를 마무리하려고 한다. 12월 6일 지부 방문도 끝난다. 서울 본부 직원들과의 점심 약속도 따로 잡지 않았다. 숨 좀 돌리려고 한다. 느긋하게 나를 돌아보면서 정리할 계획이다. 지난 7월 10일 공제회에 들어온 이후 바쁘게 보냈다. 전국을 돌면서. 하지만 행복의 연속이었다. 땡큐!

구내식당

직장인은 점심을 밖에서 해결해야 한다. 사무실이 밀집된 곳에서는 점심 전쟁이 벌어진다. 일부 가성비가 뛰어난 식당은 긴 줄이 서기도 한다. 여의도도 사무실이 많아 점심때면 크게 북적거린다. 예약을 하지 않으면 기다리기 일쑤다. 이런 고민을 해결할 수 있는 곳이 구내식당이다.

구내식당은 무엇보다 가격이 싸다. 대략 6000~7000원이면 된다. 반면 바깥 식당은 최소 1만원. 또 빨리 먹을 수 있다. 질도 낮지 않다. 먹을 만하다는 얘기다. 나는 구내식당을 좋아한다. 약속이 없으면 구내식당을 가곤 했다. 먼저 고문으로 있던 회사에서도 주로 구내식당을 이용했다. 11시 문을 열자마자 맨 앞에 서서 배식을 받았다.

구내식당은 대략 1식4찬 정도 된다. 그 정도면 충분하다. 공제회도 지하 2층에 구내식당이 있다. 아침은 몇 번 이용했지만 점심때는 가보지 못했다. 점심은 한식과 양식 두 코스가 있단다. 오늘은 점심때 가보려고 한다. 모처럼 점심 약속이 없다. 일부러 안 잡았다. 구내식당에 가보려고.

선주문

"형님 제가 오풍연의 행복론 1호 독자가 되고 싶습니다. 선주문으로 몇 권 구입할게요." 대전고 후배이자 노무사로 일하고 있는 박범정 대표가 단 댓글이다. 내가 1호 독자는 누가 될지 궁금하다는 글을 올렸더니 이처럼 화답을 했다. 고맙지 않을 수 없다. 박 대표는 독서광. 취미는 마라톤. 아주 훌륭한 친구다.

책 한 권 사주는 게 쉽지 않다. 우선 책을 읽어야 하기 때문이다. 책을 보지 않으면서 사는 것은 바라지도 않는다. "저도 선주문으로 몇 권 주문하고 싶습니다." 광주에 계신 이동훈님도 2호 독자를 자청했다. 두 분 모두 오풍연 칼럼방 회원이기도 하다. 띠끌 모아 태산이다. 한 분 한 분 읽어주면 정말 고맙겠다.

이번에는 출판사 측이 독자들께 책을 직접 보내드리도록 할 계획이다. 따라서 책이 나오자마자 받아볼 수 있을 것으로 본다. 그러나 출판사가 처음 내는 책이라 시행착오를 겪을 수도 있다. 너그럽게 이해해 주시기 바란다.

대전고 동기들

고등학교 친구가 가장 좋다고 한다. 대부분 친구하면 고등학교 동기들을 떠올린다. 머리가 어느 정도 큰 다음 만나 함께 공부했기 때문이다. 나 역시 다르지 않다. 대전고 친구들을 종종 만난다. 그들을 만나면 마음이 편하다. 또 생활 수준도 엇비슷 하다. 그러니 친밀감이 더 생길 수밖에 없다.

내일도 대전 동기 3명이 방문한다. 이들과 오래전에 약속을 잡았다. 점심을 같이 하려다 보니 이제야 만날 수 있게 됐다. 곽상규 친구는 충남 예산서 올라온다. 중학교 교장으로 있다가 정년 퇴직했다. 아주 훌륭한 친구다. 예산 사랑이 극진하다. 원래 충북 옥천 출신인데 예산서 내내 교직 생활을 했다. 현재 대전 동기회 회장도 맡고 있다.

12월 23일에는 또 다른 친구들을 만난다. 3학년 8반 친구들이다. 이들과는 저녁을 먹기로 했다. 이장우·이기영 교수, 김덕수 전 KB카드 사장, 박희춘 전 금융감독원 부원장보와 함께 한다. 반면 동기 전체 모임은 못 나간다. 아내를 돌봐야 하는 까닭이다. 그래서 마음만 참석한다.

나이 앞에 장사 없어

나이 먹는 것을 두려워할 수밖에 없을 것 같다. 가장 무서운 바람이 세대교체이기도 하다. 대기업은 거의 예외 없이 생년월일, 즉 나이로 자른다. 나이 앞에는 장사가 없는 셈이다. KT 임원 인사가 나왔길래 임원으로 있는 후배에게 연락했다. "어떻게 됐어" 했더니 "잘렸습니다"라고 말한다. 그 후배는 64년생인데 임원 중 나이가 가장 많았다고 한다.

KT 부사장 승진자는 몇 년생이냐고 했더니 67년생이라고 했다. 잘은 모르겠으나 KT의 경우 이번에 완전히 세대교체를 하지 않았나 생각한다. 최근 임원 인사를 단행한 삼성전자도 그랬다. 30대 상무, 40대 부사장이 여럿 나왔다. 70년대생에다 80년대생까지 역할이 확대된 것이다. 이제 60년대생도 뒤로 물러난다는 뜻이다.

참 그렇다. 요즘 60은 한창이다. 하지만 이 사회는 물러날 것을 요구한다. 그 바람은 누구도 피해 갈 수 없다. 나는 60년생. 내 또래의 대기업 임원은 눈 씻고 찾아봐야 한두 명 보일 정도다. 내가 공제회에 들어온 것을 고마워하는 이유이기도 하다. 인생무상이다.

 책 좀 봅시다

책에는 짠 놈

내가 책 장사는 아니다. 그러나 첫 책을 출간한 도서출판 혜민 지용진 대표를 도와주고 싶다. 출판사의 첫 책이 성공한 예는 거의 없다. 좋은 원고를 받을 수 없는 까닭이다. 지 대표에게 내 원고를 주고 책을 만들어보라고 한 이유이기도 하다.

책에 관심을 보여주는 분들이 있어 고맙다. 선주문도 들어온다. 어제 하루 300권을 주문받았다. 매제인 신현국 중앙대 총동문회장이 200권, 목포 성보석 원장이 100권을 각각 보내달란다. 고맙지 않을 수 없다. 책 한 권 사주기 어려운 세상에. 무엇보다 책을 읽지 않으면 책을 안 사는 경향이 있다.

나는 책은 그냥 안 준다. 왜 안 주는지는 설명드린 바 있다. 추천사를 써주신 딱 세 분께만 사인해 책을 보내드릴 생각이다. 모두 지방에 계신 분들이다. 그래서 책에는 짠 놈이라는 말을 듣고 있다.

대전 박범정 노무사

젊은 대학생들은 고시 합격을 꿈꾼다. 특히 문과의 경우 사시·행시·외시 등에 도전한다. 내가 대학에 다닐 때는 여기에 언론고시도 있었다. 언론사 입사 시험도 수백 대 1을 기록했다. 그러다가 안 되면 일반 회사 등 다른 데로 눈을 돌리곤 했다.

대전에서 노무법인을 운영하고 있는 박범정 노무사. 대전고 후배이기도 하다. 그도 대학 시절 신림동에서 고시 공부를 했다고 한다. 이후 노무사가 됐다. 내 책이 나올 때마다 관심을 보여준다. 몇 권씩 사서 지인들에게 나눠준다. 감사한 일이 아닐 수 없다.

이번에도 책이 나오기 전 출판사 측에 5권을 주문했다고 알려왔다. 사실 책 사기는 어렵다. 밥도 사고, 술도 사는데 책은 안 산다. 무엇보다 책을 안 보기 때문이다. 이것을 서운해해서도 안 된다. 책은 돈 주고 사야 제목이라도 본다. 박 노무사가 고마운 이유다.

▎건물 한 채 삽시다

정말 책은 모른다. 기대했던 책이 안될 수도 있고, 기대하지 않았던 책이 효자 노릇을 할 수도 있다. 바람을 타면 대박날 수도 있는 게 책이다. 나의 15번째 책 '오풍연의 행복론'을 만들고 있는 지용진 대표와 신용섭 국장이 다녀갔다. 이들과 점심을 함께 했다.

두 친구는 거구다. 둘다 180cm가 넘고, 체중도 100kg 이상이다. 성격이 무척 온순하다. 덩치만 우람하다. 둘이 광교신문을 만들고 있다. 출판사 '혜민'도 등록했다. 내 책이 처음 펴내는 저작물이다. 이들에게 경험을 쌓으라고 원고를 넘겼다.

아울러 덕담도 했다. "책이 잘 돼서 빌딩을 한 채 사자"고. 책이 로또와 같기 때문이다. 책을 내면 실망하기 마련이다. 팔리지 않아서다. 그러나 기적도 일어난다. 그런 가능성에 도전한다고 할까. 상상만 해도 재미있다.

나는 행복한 사람

65번째 생일이다. 미역국은 어제 저녁 먹었다. 아내를 도와주는 후배가 맛있게 끓여 주었다. 후배는 처제와 동갑이기도 하다. 70년생. 나도 그 후배를 처제라고 부른다. 후배는 나를 형부라고 하고. 후배는 나를 위해 특별히 케익도 맞추었다고 한다. 그 마음이 더 고맙다.

또 하나 감동받은 사연이 있다. 한 지인이 오늘 아침 축하 메시지와 함께 선물을 보내주셨다. 생각지도 못했다. 내 생일을 알 리 없다고 여겼기 때문이다. 그래서 감사 전화를 드리며 어떻게 알았느냐고 물어봤다. 예전 책에서 읽었다고 했다. 최고의 행복이다.

오풍연구소 초대 총무였던 정려진 회원도 축하 메시지를 띄웠다. 정 총무는 참 재주가 많다. 못 하는 게 없을 정도다. 내가 무슨 일을 한다면 꼭 함께하고 싶은 재원이다. 그런 날이 올지도 모른다. 모든 분들께 감사드린다.

오풍연의 행복론

조만간 나올 책의 제목이 확정됐다. 오풍연의 행복론이다. 말하자면 자연인 오풍연으로 평가받겠다는 얘기다. 일반 독자들이 오풍연을 알 리 없다. 기자 오풍연은 더러 안다. 그동안 행복을 줄기차게 말해 왔다. 다름 아닌 오풍연의 행복이다.

내가 생각하는 행복은 이렇다. 행복은 멀리 있지 않다는 것. 바로 내 주변, 이웃에 있다. 거창할 필요도 없다. 소소한 일상이 행복 그 자체다. 물론 사람마다 행복의 잣대는 다를 터. 자기 스스로 눈높이를 낮추어야 한다. 그래야 작은 것에서도 행복을 느낄 수 있다.

오풍연의 행복론이 많은 사람에게서 읽혔으면 좋겠다. 모든 작가의 바람이기도 하다. DJ 주치의를 했던 성애병원 장석일 의료원장은 "이번 책이 많은 사랑을 받을 것 같다"고 격려해주신다. 장 박사님은 나를 오랫동안 봐 온 분이기도 하다. 과연 그럴까.

책이 나온다니

요즘 기분이 좋다. 또 책이 나온다니 업 된다. 그 기쁨은 책을 내본 사람만이 안다. 나는 내 만족을 위해 책을 내왔다. 누구는 돈 벌려고 그러는 게 아니냐고 묻는다. 그것은 전업 작가들의 얘기다. 나는 흔적을 남기기 위해 글을 쓴다.

어제 윤석열 대통령님께도 신고했다. 책 속에 대통령님에 대한 언급도 있기 때문이다. 정치 얘기는 일절 없다. 책을 보면 오풍연이 어떻게 사는지 다 나와 있다. 오풍연의 생각, 오풍연이 만나는 사람 등을 알 수 있다. 모두 보통 사람들이다. 인간은 다를 게 없다. 너와 내가 똑같다고 보면 된다.

'오풍연의 행복론'. 특히 이번 책은 아내에게 바치고 싶다. 아내를 돌보면서 쓴 까닭이다. 아내 얘기도 많이 나온다. 뗄 수 없는 관계여서 그렇다. 아내 예찬이라고 할까. 아내가 더 나빠지지 않기만을 기대한다.

설렘

나는 하루를 설렘 속에 시작한다. 왠지 좋은 일이 생길 것 같은. 실망하거나 좌절해본 적은 없다. 그런 상황에 처하면 오히려 용기가 생긴다. 여기서 꺾일 수는 없다고 배수진을 쳐야 한다. 그럼 길이 보인다. 사실 꺾이는 순간 진다. 패배에 다름 아니다.

설렘은 긍정적 효과를 가져온다. 나는 남들이 하찮게 여기는 것도 소중히 여긴다. 오풍연 칼럼도 그렇다. 나에게는 소중한 자산이다. 글 역시 쓰면서 설렌다. 아들은 나를 보며 이렇게 말한다. "아빠는 뭐가 그리 좋아?" 내가 들떠있는 것처럼 보이기 때문이다.

조만간 나올 책도 효자가 될지 모른다. 그런 느낌이 든다. 책은 정말 모른다. 공제회에 있어도 글쓰기는 제약을 받지 않는다. 책 마무리 작업을 하고 있다. 표지 시안도 나왔다. 설렘의 연속이다.

정치를 했더라면

사내가 태어나면 정치를 하라고 했다. 남자에게는 그만큼 매력이 있는 분야라고 할까. 그러나 나는 한 번도 정치를 하겠다고 생각해 본 적이 없다. 정치부 기자, 정치담당 논설위원으로 20년 가까이 있었으면서도 그랬다. 정치와는 거리를 두고 싶었기 때문이다.

본의 아니게 정치에 발을 담글 뻔했다. 20년이 지나 얼마 전 들은 얘기다. 이회창 전 총재가 대통령에 당선되면 청와대에 함께 들어가려고 점 찍어 놓은 기자 3명 가운데 나도 포함돼 있었다는 얘기를 들었다. 대통령 당선자가 요청하면 거절하기 어려웠을 터. 사람의 운명은 그렇게 바뀌기도 한다.

내가 자의적으로 정치를 할 리는 없다. 앞으로 그런 기회가 올 리 없고, 할 생각도 없다. 정치는 권력 의지가 강해야 한다. 나는 권력에 대한 욕구는 없다. 지금처럼 살면 족하다.

도덕성

나는 도덕주의자. 도덕성을 중시한다. 바르게 사는 것. 가장 큰 무기가 되기도 한다. 내가 추구하는 바다. 내가 대학서 철학을 전공한 것과 무관치 않다. 참다운 삶을 살기 위해 그랬다. 시종일관 도덕적 삶을 목표로 해왔다. 때론 바보 같다는 소리를 들으면서.

에피소드 한 토막. 1997년 서울신문 노조위원장을 할 때다. 연초 당시 손주환 사장님이 만나자고 했다. 단둘이 롯데호텔서 만났다. 구조조정을 하겠다고 했다. 사람을 줄이겠다니 노조 입장에서는 찬성하기 어려웠다. 그래서 내가 한 말이 있다.

"좋다. 제가 사장님보다는 도덕성에서 우위에 있다. 만약 요구사항이 있으면 들어달라"고 했다. 손 사장님은 대학 선배이기도 했다. 나중에 결과적으로 내 요구사항을 모두 들어 주었다. 구조조정도 성공적으로 끝냈다. 도덕성이 빛을 발휘할 때도 있다.

막말

말 한마디에 천냥 빚 갚는다고 한다. 반면 한마디 말 때문에 패가망신 하기도 한다. 말을 조심해야 한다는 뜻이다. 말도 그 사람의 얼굴이다. 말속에 인격이 들어 있는 까닭이다. 말은 주워 담을 수도 없다. 뱉는 순간 끝이다. 이번 총선을 앞두고 말로 인해 낙마하는 사례까지 나오고 있다.

문제가 되면 그때서야 고개를 숙인다. 그렇게 한다고 될 일이 아니다. 사과 역시 진정성이 없다. 위기를 벗어나려는 시도 이상도 이하도 아니다. 오래전에 SNS 등에 올린 글도 문제가 된다. 어려서 그랬다는 핑계도 대는데 먹힐 리가 없다.

평소 좋은 언어 습관을 길러야 한다. 막말을 하지 않으려면. 습관이 중요하다. 나는 Y담 같은 것을 할 줄 모른다. 아니 관심도 없다. 과격한 농담도 금물이다. 고운 말을 골라 쓰자.

▎ 4000개, 대단하네요

"새해 복 많이 받으십시오. 오늘 칼럼 몇 개를 죽 봤네요. 시원하고 의미 있고, 공감 가는 글이어서 좋습니다. 4000회 돌파를 축하드립니다. 이것을 모아서 책도 곧 내면 좋겠습니다." 이경만 통계뱅크 대표가 남긴 댓글이다. 4000개가 대단하다는 것.

나 역시 그렇다. 지금부터 4000개를 쓰라고 하면 못쓴다. 즐기면서 썼기 때문에 가능했다. 요즘도 하루 평균 3~5개씩 쓰고 있다. 생각나면 그냥 쓴다. 소재는 무한대다. 눈에 보이는 모든 것이 소재다. 내 눈에 하찮은 것은 없다. 모두가 살아 움직이는 생물이다.

이 대표의 말대로 책도 조만간 나올 예정이다. 내가 가장 편안한 상태에서 쓴 것이다. 거기에 조미료는 넣지 않았다. 보리밥에 시래기국 같다고 할까. 오풍연다움이 묻어 있다. 이번에 나오면 15번째 책이다.

자동차 정기 검사

자동차 정기 검사를 받으라는 메시지를 받았다. 사전에 결제하고, 정해진 날짜 시간에 가면 된다. 얼마나 좋아졌는가. 기다리는 시간도 거의 없다. 오는 18일 오후로 예약했다. 집 근처에 검사소가 있다. 18일은 마침 창립기념일로 쉬는 날이어서 직접 갈 생각이다.

내 차는 K7. 2010년 4월 뽑았다. 만 14년 탄 셈이다. 지금까지 주행 거리는 8만8000km가 조금 못 된다. 더군다나 요즘은 거의 타지 않으니 주차장 신세다. 아들 차도 있어 처분해도 되는데 아내는 그냥 두잔다. 자동차 세금과 보험료만 내고 있다고 할까.

나는 차에 대한 욕심도 없다. 바퀴가 굴러가면 된다. 지금 타는 차도 과분하다. 더 작아도 된다. 앞으로 바꾼다면 소형차를 살 계획이다. 집도, 차도 줄여야 한다. 나이들수록 규모를 줄이는 게 맞다. 수입도 줄으니.

오피스텔만 하나 있으면 OK

어제 70이 넘은 지인 두 분과 점심을 했다. 한 분은 대기업 CEO를 지내셨고, 또 한 분은 아직도 현직에 계신다. 건강 얘기는 빠지지 않는 소재다. 두 분은 건강하시다. 앞으로 어떻게 살 것인가에 대해 얘기를 나눴다. 일을 해야 된다는 데에는 이견이 없었다.

내 소망을 말씀드렸다. 예전부터 갖고 있던 꿈이다. 퇴직 후 책상 하나, 탁자와 의자 4개 정도 놓을 수 있는 오피스텔이 하나 있으면 좋겠다고 했다. 거기로 나가면 되기 때문이다. 10평 이내도 충분할 것 같다. 넷이 앉아 담소하고, 라면도 끓여 먹으면 된다.

나 뿐만이 아니다. 많은 사람들이 이 같은 바람을 갖고 있다. 그러나 여의치 않다. 내 오피스텔이 아니라면 월세도 내야 한다. 퇴직 후 소득이 없으면 이 또한 부담이다. 일정 소득이 담보돼야 가능하다. 나는 가능할까.

최태원과 노소영

세기의 결혼. 대통령 딸과 재벌 아들이 결혼했다. 최태원 SK 회장과 노소영 관장의 결혼을 두고 말한다. 고 최종현 회장과 노태우 전 대통령이 사돈을 맺었다. 둘은 1988년 청와대서 결혼했다. 1남2녀를 낳았다. 그러나 결혼은 순탄치 못했다. 최 회장이 혼외자를 공개했다.

결별은 이혼 소송으로 이어졌다. 1심 재판부는 위자료 1억원과 재산분할로 현금 665억원을 주라고 판결했다. 둘은 불복해 항소했다. 오늘 항소심 재판이 열렸다. 둘은 법정에서 만났다. 노소영은 2조원을 달라고 했다. 나는 일리 있다고 본다.

결혼 파탄의 책임은 누구에게 있을까. 최 회장의 잘못이 많을 것으로 여긴다. 둘 간에 무슨 일이 있었는지는 알 수 없다. 법정에 서지 않고 해결했어야 한다. 기업 이미지도 먹칠을 했다. 가정도 못 다스리는 자가 이일 저일 한다. 최 회장이 결자해지 하라.

서울신문 동기들

맨 처음 서울신문 입사 동기는 6명이다. 서울대 정치학과 2명·영문과 1명·농경제과 1명 등 4명에다 나를 포함 고대 출신 2명이었다. 나는 철학과를 나왔고, 또 다른 1명은 정외과를 졸업했다. 이 가운데 2명은 조선일보로 이직했다. 유튜버로 유명한 최병묵도 동기다.

서울신문서 정년을 채운 동기는 없다. 모두 중간에 나왔다. 나는 25년 2개월 근무했으니 오래 있었던 셈이다. 언론에 남아 있는 동기는 없다. 이제는 각자 다른 길을 걷고 있다. 자주 만날 수도 없다. 연락이 거의 끊기다시피한 동기도 있다. 동기 역시 현직을 떠나면 멀어지기 마련이다.

1986년 입사시험을 같이 쳤지만 7명은 스포츠서울로 배치됐다. 이 친구들은 2~3년 뒤 서울신문에 합류했다. 다음 달 11일 4명을 여의도로 초대했다. 점심을 하자고.

1년에 한두 번이라도 자리를 만들려고 한다.

100만부의 꿈

요즘 쇼펜하우어가 인기다. 조금 생소하기는 하다. '마흔에 읽는 쇼펜하우어'가 서점가를 강타하고 있다. 종합 베스트셀러 1위다. 독자들 사이에 입소문이 번져 20만부를 돌파했단다. 책을 읽지 않는 터라 대단하다고 할 수 있다. 이쯤 되면 베스트셀러라고 한다.

나의 15번째 책이 머지않아 나올 것 같다. 광교신문 지용진 대표의 혜민에서 나온다. 아주 가벼운 마음으로 쓴 책이다. 어떠한 목적이나 의도도 없다. 그냥 살아있음에 행복함을 노래 불렀다. 그런 내용을 많은 사람들과 공유하고 싶다.

인생이 크게 다르지 않다. 잘난 사람도, 못난 사람도 똑같다. 하루 밥 세끼 먹고 산다. 아등바등할 필요도 없다. 내가 사는 방식이기도 하다. 이번 책을 100만명과 함께 읽었으면 좋겠다. 그들에게 꿈과 희망을 주기 위해.

목포 성보석, 용인 지용진

사랑하는 아우가 있어 행복하다. 그 기준은 뭘까. 곰곰이 생각해보니 자주 만나고, 연락하는 방법밖에 없다. 그래야 더 가까워진다. 형제들이야 그렇게 안 만나도 관계에 변함은 없다. 그러나 남은 안 보면 멀어진다. 그게 세상의 이치다. 일생 동안 수없이 많은 사람을 만난다.

요즘 내 삶에 두 사람이 함께 하고 있다. 목포 성보석 원장과 용인 지용진 대표. 둘다 동생들이다. 성 원장은 63년생, 지 대표는 68년생. 남들은 어떻게 볼지 몰라도 나에게는 천금 같은 아우들이다. 누구와도 바꿀 수 없다. 돈 주고도 살 수 없기에.

성 원장은 눈 뜨자마자 연락한다. 내가 기상나팔을 분다. 거의 먼저 연락한다는 뜻이다. 하루에 2~3번은 통화를 한다. 지 대표는 이 세상에서 가장 순진한 친구다. 100kg이 넘는 거구지만 천진난만하다. 내가 좋아하는 스타일. 무엇보다 사람은 착해야 한다.

정치 후원금

지금까지 정치 후원금은 딱 한 번 내봤다. 그것도 소액으로. 후원금도 그렇다. 우선 낼 마음이 있어야 낸다. 후원금은 강요해서도 안 된다. 후원금은 특별한 관계가 있어야 내지 않겠는가. 신세를 졌을 경우 성의를 표시하지 않을 수 없을 게다.

모 후보자의 후원금 모집 공고가 올라왔다. 11일 오전부터 모집한다고 했다. 그 글을 점심 먹고 보았다. 나도 성의를 표시하려고 계좌번호를 누르고 금액을 입력했으나 입금 한도 초과가 계속 떴다. 그래서 거기 나와 있는 곳으로 전화를 했다.

몇 시간 만에 한도금액(1억5000만원)을 채웠다고 했다. 후보자도 그 같은 내용의 글을 띄웠다. 정치 초보인데 엄청난 관심을 받고 있다고 할 수 있다. 부러움을 살 만하다. 후원금도 부익부빈익빈이다. 우리 정치는 돈이 너무 많이 든다.

이강인 대표팀 발탁

프랑스에서 뛰고 있는 이강인 선수가 국가대표팀에 또 다시 발탁됐다. 이를 두고 온라인 상에서 찬반이 뜨겁다. 내 의견부터 밝힌다. 나는 찬성이다. 이강인이 한 짓은 밉지만 그에게 기회를 주는 것도 나쁘지 않다고 생각한다. 이강인 역시 반성했으리라고 보기 때문이다.

이강인은 이른바 '싸가지론'에 휩싸였다. 대표팀 주장 손흥민에게 대든 것. 모든 국민과 언론으로부터 몰매를 맞았다. 그를 동정하는 여론은 없었다. 자업자득이라고 할까. 이강인은 그 뒤 프랑스로 돌아가 영국을 방문했다. 손흥민에게 용서를 구했다.

황선홍 감독은 이강인을 신임했다. 그는 "손흥민과 이강인 두 선수와 전부 소통했다. 손흥민은 이강인을 안고 화합하고 앞으로 나아가야 하지 않겠느냐는 이야기를 했다"면서 "이강인을 부르는 걸 다음으로 넘길 수도 있다. 그러나 내 선수생활 경험에 비춰봤을 때 운동장에서 일어난 일은 운동장에서 최대한 빨리 푸는 게 좋은 일이라고 생각한다"고 했다. 이강인을 용서하자.

세계 최고 갑부

최고 부자. 누구나 되고 싶은 바다. 그러나 그 꿈은 소수에게 집중된다. 경제 대국 미국 사람이 단연 많다. 경제 규모가 크기 때문이다. 첨단 산업도 미국이 주도한다. 그런 만큼 부자가 많은 것도 당연하다. 세계 최고 부자 가운데 눈에 띄는 사람이 있다.

프랑스 명품그룹 루이뷔통모에헤네시(LVMH)의 베르나르 아르노 회장. 블룸버그의 억만장자 지수에 따르면 아르노 회장은 베이조스를 제치고 세계 최고 부호 타이틀을 탈환했다. 현재 그의 재산 가치는 2010억 달러(265조3200억원)로 유일하게 2000억 달러를 넘으며, 1980억 달러의 베이조스를 앞질렀다.

이어 테슬라 일론 머스크가 3위, 메타 마크 저커버그가 4위다. 이들 4명은 주가 반등에 따라 세계 1위 부자를 놓고 엎치락뒤치락 하고 있다. 압도적 1위는 없는 상황이다. 이들은 행복할까. 그것은 알 수 없다.

개나 소나

요즘 페이스북을 보면 출판기념회를 알리는 내용이 많다. 심하게 말하면 공해에 가까울 정도다. 내년 총선 출마를 알리는 것. 개나 소나 출판기념회를 한다는 얘기를 들어도 할 말이 없을 듯싶다. 세몰이를 하려는 것과 무관치 않다. 볼썽사나운 장면도 연출된다.

원래 출판기념회가 변질되는 것 같아 안타까운 마음이다. 출판기념회는 조촐해야 하는데 우선 판을 크게 벌리고 보자는 계산이 깔려있는 것 같기도 하다. 그런 출판기념회에서 나눠준 책은 누구도 안 본다. 그냥 처박아 두던지 쓰레기통으로 향한다. 저자나 출판사도 그것을 모를 리 없다.

출판기념회는 지인들이 마련해 주는 게 가장 좋다. 이구동성으로 출판기념회 한 번 하라는 얘기를 듣는다. 그런 때 하는 것이다. 장소가 크지 않아도 된다. 작은 찻집이나 레스토랑을 빌려서 해도 괜찮다. 오손도손 진행하면 딱이다. 내가 그리는 출판기념회다.

오풍연구소 어른들

오풍연구소 얘기를 종종한다. 현재 멤버는 1330명. 적지 않은 수다. 전국에 걸쳐 산다는 말은 한 바 있다. 평균 나이도 60을 넘는다. 연령대별 분포도를 보면 55~65세가 가장 많고, 그다음은 65세 이상이다. 옛날 같으면 노인 취급을 받을 나이다.

이번 주에도 오풍연구소 어른을 만난다. 포스코엔지니어링 부회장을 지낸 조용경 위원님이 오신다. 올해 74살이다. 오풍연구소가 처음 만들어질 때부터 참여하셨다. 경기고, 서울법대를 나오셨다. 박태준 포스코 회장의 보좌관도 하셨다. 서울신문 논설위원으로 있을 때부터 인연을 맺어 왔다.

조 부회장님도 노후를 멋지게 보내신다. 취미는 여행과 사진. 미얀마를 여러 차례 방문한 뒤 책을 내기도 하셨다. 사진은 프로급. 꼭 사진기를 갖고 다니신다. 오풍연구소를 빛내 주시는 분이다.

아이유 티켓 파워

가수 아이유. 유식한 말로 명불허전이다. 현재 남녀 통틀어 그를 능가하는 가수는 없을 듯하다. 아이유의 인기는 국내외를 망라한다. 가수 임영웅은 국내파. 트롯 가수의 한계이기도 하다. 아이유가 국내외 공연을 추진하고 있다. 전석 매진이란다. 엄청난 티켓파워다.

아이유는 오늘 오후 서울 송파구 KSPO DOME에서 '2024 아이유 H.E.R. 월드투어 콘서트' 4회차 공연을 개최했다. 이번 콘서트에서 아이유는 총 6만 명의 관객을 운집시키며 압도적인 티켓 파워를 입증했다. 매 공연마다 꽉 찼다. 지방 공연도 마찬가지다.

국내뿐만 아니다. 소속사 이담엔터테인먼트는 서울, 일본 요코하마, 대만 타이베이, 미국 뉴어크·애틀랜타·워싱턴 D.C·로즈몬트·오클랜드·로스앤젤레스, 인도네시아 자카르타 공연이 전석 매진됐다고 밝혔다. 아이유는 정말 노래를 잘 부른다. 자그마한 체구서 뿜어 나오는 에너지가 대단하다.

아내와 함께 여의도공원을

모처럼 여의도공원을 걸었다. 점심을 일찍 먹고 아내와 함께 여의도공원에 갔다. 오랜만에 걷기 위해서다. 올들어 처음 나갔다. 그전에는 매주 나가다시피 했었다. 아내가 혼자서는 걸을 수 없다. 손을 잡고 걸어야 한다. 그것도 매우 천천히.

여의도공원 한 바퀴는 2.5km. 지금은 한 바퀴를 돌 수 없다. 절반쯤 돌고 돌아왔다. 아내가 처음에는 곧잘 걷더니 들어올 무렵에는 다리가 후들거린다고 했다. 안 걷다가 걸어서 그럴 터. 그래도 걸어야 된다고 했다. 나 역시 거의 운동을 못 했다. 아내 곁을 지켜야 하기 때문이다.

나도 1년가량 운동을 하지 않았다. 허벅지와 종아리 근육이 좋았는데 다 빠졌다. 운동을 하지 않으면 금방 표시가 난다. 새벽 운동을 못 나가니 답답하기도 하다. 운동을 하더라도 아내를 데리고 해야 한다. 나의 운명이다.

사람 냄새

인향(人香) 만리라는 말이 있다. 사람의 향기는 만리를 간다는 뜻이다. 나는 사람 냄새나는 사람을 좋아한다. 내가 사람 만나는 기준이기도 하다. 냄새가 나지 않는 사람은 멀리한다. 내 주변에 좋은 사람이 많은 것도 사실이다. 늘 고맙고 감사한 마음이다.

사람 냄새는 인간성과도 관련이 있다. 냄새나는 사람은 인간성도 좋다. 많이 배웠다고, 자리가 높다고 인간성이 좋은 것은 아니다. 그동안 많은 사람들을 만나 왔다. 인간성까지 좋은 사람은 드물다. 그것까지 갖추는 게 쉬운 일이 아니어서 그렇다.

자기 스스로 인간성이 나쁘다고 하는 사람은 없다. 좋은 줄 안다. 하지만 그것은 상대적이다. 남이 좋다고 해야 맞다. 그렇다고 남에게 잘 보일 필요는 없다. 평소 잘해야 한다. 누가 보던, 안 보던.

베스트셀러

작가라면 누구나 꿈꾼다. 베스트셀러를 기록하는 것. 과연 어떤 책이 이 범주에 들까. 그 판단은 독자의 몫이다. 수많은 독자들이 책을 구입하고 읽어줘야 베스트셀러 반열에 오른다. 요즘 100만부를 돌파했다는 얘기는 들어보지 못했다. 10만권만 팔려도 베스트셀러라고 할 법하다.

무엇보다 책 읽는 인구가 적다. 책을 보는 시간에 스마트폰 놀이를 하는 게 더 낫기 때문이다. 사실 지식의 보고는 책이다. 남아수독오거서라는 말도 있다. 남자라면 수레 다섯 개 분량의 책을 읽어야 한다는 뜻이다. 책을 많이 읽으면 수양도 된다. 그 속에 지혜가 있는 까닭이다. 그런데도 책을 멀리하니 문제는 문제다.

나의 15번째 책은 어떤 평가를 받을까. 그것 역시 알 수 없다. 오풍연의 사는 얘기여서 시시하다고 할지도 모른다. 그러나 나는 가식을 모른다. 문학 역시 사실에 바탕을 두어야 한다고 생각한다. 솔직한 심정은 있다. 많은 사람들이 읽어줬으면 좋겠다.

형제자매

세상에서 가장 가까운 사이는 누구일까. 결혼한 경우라면 부부가 아닐까 싶다. 하지만 이혼하면 원수가 되기도 한다. 부모자식 간도 가까운 사이다. 촌수가 없다. 떼려야 뗄 수 없는 관계라는 뜻이다. 그다음은 형제자매 간이라고 할 수 있다. 한 엄마 뱃속에서 나왔기 때문이다.

우리도 다섯 남매다. 3남2녀. 내가 중간이다. 위로 누나 형이 있고, 밑으로 남동생 여동생이 있다. 이들과 제일 많이 연락한다. 세종 형님과는 거의 매일, 나머지 누나 동생들과도 자주 통화한다. 그냥 이런저런 안부를 묻는다. 특별한 일 때문에 연락하지는 않는다.

아내는 여동생만 한 명 있다. 현재 일본 후쿠오카에 살고 있다. 옆에서 들으면 둘이 자주 통화한다. 한번 전화기를 들면 30분 이상이다. 아내는 동생을 엄마처럼 챙긴다. 둘은 여섯 살 차이. 최근 다녀간 그 처제다. 형제만큼 좋은 사이도 없다.

참 언론인

이 시대에 진정한 언론인은 있을까. 우선 영향력이 있어야 하고, 독자인 국민들로부터 존경을 받아야 한다. 그런데 지금은 눈 씻고 보아도 찾아볼 수 없다. 누구라고 떠올릴 만한 사람이 안 보인다. 모두 고만고만 하다. 이른바 메이저 언론의 주필, 논설실장 등도 누가 누군지 모른다.

왜 이렇게 됐을까. 미디어 생태계가 변한 것과 무관치 않다. SNS, 유튜브 등을 더 많이 본다. 신문의 존재감이 없다시피 할 정도. 30년간 기자생활을 한 나마저도 집에서는 신문을 안 보고, 사무실에서 한 부만 본다. 그러니 일반 사람들은 말할 필요가 없다.

참 언론인은 본인의 노력에 의해서 태어난다. 정론직필해야 함도 물론이다. 하지만 진영논리에 빠져 펜을 휘두르는 사람도 적지 않다. 내가 인터넷신문 오풍연닷컴을 만들었던 이유이기도 하다. 중립적인 자세로 글을 쓰기 위해.

3김 시대는 끝났다

김영삼 전 대통령의 부인 손명순 여사가 그제 세상을 떠났다. 마지막 남은 3김 인사의 아내였다. 김대중 김영삼 김종필 이희호 박영옥은 이미 타계했다. 나는 3김과 인연이 있다. DJ 정부 때는 청와대 출입기자로 있었다. DJ와 이희호 여사의 사랑을 듬뿍 받기도 했다.

나는 한나라당을 출입할 때 퇴임한 YS와 함께 필리핀을 다녀왔다. 당시 손명순 여사가 동행했음은 물론이다. YS는 손 여사를 끔찍이 챙겼다. 상도동 자택에서 떡국을 얻어먹기도 했다. 상도동의 음식도 푸짐했다. 손 여사의 명복을 빈다.

JP는 낭만주의자. 얘기를 참 재미있게 한다. 결국 대통령은 못 했지만 한 시대를 풍미했던 정치인이다. DJ와 JP가 만나면 시간 가는 줄 모르고 얘기를 나눴다고 한다. 둘 다 박식해서다. 3김과 같은 정치인이 그립다. 지금은 없다.

사람은 신세를 갚을 줄 알아야

신세 지고는 못 산다는 속담이 있다. 누군가로부터 도움을 받으면 갚아야 한다는 얘기다. 말이 그렇지 쉽지는 않다. 그 은혜를 잊는 사람도 많다. 자기가 잘 나서 그렇다는 것. 살면서 신세를 안 질 수는 없다. 인간은 혼자 살 수 없기 때문이기도 하다.

나는 가급적 신세를 안 지려고 한다. 지는 순간 부담으로 돌아오는 탓이다. 무인도에 들어가 살지 않는 한 사람끼리 관계를 맺으며 산다. 이 과정에서 신세를 지기도 한다. 어려운 부탁을 할 수도 있고, 쉬운 부탁을 할 수도 있다. 부탁은 또 그렇다. 들어줄 수 있으면 들어주는 게 좋다.

신세를 지고도 모르는 척하면 안 된다. 그럼 사람의 도리가 아니다. 갚으려고 노력을 해야 한다. 최소한 마음이라도 써야 한다. 반드시 물질 등이 아니어도 된다. 갚는 방법은 여러 가지가 있을 수 있다. 찾아보는 노력이 필요하다.

설레는 이 밤

마침내 책이 나온다. 2021년 5월 '윤석열의 운명' 이후 3년 만에 펴내는 책이다. 무엇보다 기분이 좋다. 왠지 잘 될 것 같은 느낌이 든다. 완전히 힘을 빼고 썼기에. '도서출판 혜민' 지용진 대표와 신용섭 국장에게 고마움을 전한다. 이 둘이 고생을 했다.

언론도 보도하기 시작했다. 축하 전화도 받았다. 1권씩 사 주었으면 좋겠다. 그래야 읽는다. 그런데 책을 너무 안 본다. 나는 책은 그냥 주지 않는다. 돈을 안 받고 주면 안 읽기 때문이다. 최소한 1000원이라도 받는다. 아내한테도 돈을 받은 적이 있다.

교보문고 측이 책을 받아준단다. 인터넷 서점의 경우 책을 3권 이상 내야 받아준다. 또 네이버를 통해 구입할 수 있다고 한다. 기적이 일어났으면 하는 바람이다. 내 책을 읽고 희망을 갖는다면 더할 나위 없을 듯하다.

이재용 정의선 정용진

한국의 재벌. 물론 비판도 받지만 경제발전에 이바지한 공이 크다. 지금은 재벌 3세가 회장으로 경영을 하고 있다. 신세계 정용진 부회장도 오늘부터 회장으로 승진했다. 부회장이 된 지 18년 만이라고 한다. 사실 가장 늦게 회장에 올랐다.

이재용 삼성전자 회장과 정용진 회장은 68년생 동갑이다. 정의선 현대기아차 회장은 70년생. 같은 또래라고 할 수 있다. 나는 이 중 정의선 회장을 가장 높이 친다. 경영 능력이 뛰어나다. 현대차를 세계적 명차 반열에 올려놓았다. 아버지 정몽구 명예회장처럼 품질에 올인한 결과다.

반면 이재용 회장과 정용진 회장은 조금 답답함이 느껴진다. 특히 정용진 회장은 특징이 없어 보인다. 미래를 보는 눈도 안 보이고. 어머니 이명희 총괄회장이 신세계 그룹을 직접 챙기는 이유일 게다. 정용진다움을 보여주어야 한다.

바보 오풍연

나는 바보 같다는 소리를 가장 듣기 좋아한다. 바보는 친근한 느낌이 든다. 때문지 않은. 실제로 바보를 지향한다. 그러려면 욕심도 차리지 말아야 한다. 잇속을 챙기면 안 된다. 바보는 다 준다. 무엇보다 소유욕이 없어야 한다.

나는 순진한 사람을 좋아한다. 바보가 그런 사람들이다. 따라서 약은 사람들과는 거리를 둔다. 내가 만나는 사람 가운데는 바보 같은 사람들이 많다. 뭐 저런 사람들이 있나 할 정도로. 바보들의 행진이다. 바보당을 만든 적도 있다. 바보를 좋아하는 60년생 동갑내기끼리.

자기 것도 내주는 게 바보다. 하물며 남의 것은 탐하지 않는다. 앞으로도 바보처럼 살 생각이다. 교활한 사람들이 적지 않다. 겉과 속이 다른 사람들. 바보는 그렇지 않다. 모두 바보가 되는 세상이 왔으면 좋겠다. 바보 세상!

한국의 아이돌

케이팝 스타. 이제 세계적 인기를 누리고 있다. 재능도 뛰어나다. 외모도 우월하고, 춤이면 춤, 노래면 노래 모두 잘한다. 그래서 유행을 선도하고 있다. 우리의 가수, 배우들이 세계적 명품의 홍보대사로 활동하고 있다. 이들의 일거수일투족은 취재 대상이다.

최근 에스파의 카리나가 연애 중인 사실을 인정했다가 곤욕을 치렀다. 남자 배우와 알아가는 단계라고 했다. 그러자 난리가 났다. 에스파 소속 회사의 시가 총액은 뚝 떨어졌다. 외신도 보도했다. BBC는 'K팝 스타 카리나, 연애 공개 후 사과'라는 제목의 기사에서 "분노한 팬들이 자신을 '배신'했다고 비난하자 K팝 스타는 비굴한 사과문을 발표했다"고 보도했다.

앞서 카리나는 배우 이재욱과의 교제 사실이 알려지자 자필 편지를 통해 "놀라게 해드려 죄송하다"며 "마이(에스파 팬덤)들이 상처받은 부분 앞으로 잘 메워나가고 싶다"고 팬들에게 사과했다. 오보를 사과한 게 아니다. 젊은 남녀가 교제하는 것은 지극히 당연하다. 뭔가 잘못돼도 크게 잘못됐다.

새벽의 밀어

어젯밤 11시 넘어 잤는데 3시쯤 일어났다. 하루 4시간 취침으로 돌아왔다고 할까. 예전에는 밤 9시쯤 자고 새벽 1시에 일어나 하루를 시작했었다. 아침밥도 먹었다. 어제 저녁 먹다 남은 오징어볶음을 데워 먹었다. 얼무김치, 김과 함께 먹으니 꿀맛이다.

아들도 아침 근무라 일찍 일어난다. 집에서 4시 20분쯤 나간다. 아들은 바리스타. 엔젠리너스 김포공항점에서 근무하고 있다. 국내선 1층 입국장 나오면 바로 왼편에 있다. 5시 30분 문을 연단다. 내가 새벽에 전화를 하니까 누구에게 거느냐고 물어본다.

광교신문 지용진 대표와 가끔 통화를 한다. "저도 회장(지 대표기 부르는 호칭)님 닮아서 일찍 일어나 봅니다." 3~4시쯤 통화할 때가 많다. 부지런하면 밥은 굶지 않는다. 지 대표도 성실하다. 덩칫값을 하는 친구다. 오늘도 멋진 하루 되시라.

출판기념회도 하라는데

이달 안에 15번째 책 '오풍연의 희망론'이 나올 것 같다. 출간을 서두르지 않다 보니 예상보다 늦어졌다. 급하게 추진할 일이 아니어서 그렇다. 책을 내다보면 이것저것 챙길 일이 많기도 하다. 물론 출판사 측이 하는 일이다. 광교신문 지용진 대표가 애쓰고 있다.

출판기념회도 하라는 사람들이 있다. 결론적으로 말한다. 할 생각이 없다. 그것 또한 부담을 주기 때문이다. 한 권씩 사 주면 고맙겠지만 사람들을 불러 행사하는 것은 내 성격에 맞지 않다. 내가 정치를 하는 사람도 아니고. 다만 저자 특강은 할 생각이 있다. 그것도 무료로.

지금까지 인세를 받아본 적도 없다. 책을 팔아 돈을 벌어본다는 꿈도 꾸지 않았다. 책 팔아 빌딩을 사자고 한 것은 지 대표를 격려하기 위해 그랬다. 그러나 정말 기적이 일어날 수도 있다. 많은 사람들이 이 책을 찾는다면..

대구 · 경북, 광주 · 전남

우리나라는 크지 않지만 지역 갈등이 심하다. 영호남이 그렇다. 영남중에서도 대구 · 경북, 호남 중 광주 · 전남은 지역색이 특히 강하다. 여야의 텃밭이라고 할 수 있다. 국회의원 선거만 봐도 알 수 있다. 이들 지역에서의 공천은 곧 당선을 의미한다.

나는 충청도 출신. 사회 친구들은 두루두루 퍼져 있다. 경상도 친구도 있고, 전라도 친구도 있다. 나는 호남 출신 지인이 많다. 나를 그 지역 출신인 줄 아는 정도이다. 이들과 워낙 가깝게 지내다 보니 그런 말도 듣는다. 호남 사람들은 따뜻하고, 인간적이다. 나는 이 같은 사람들을 좋아한다.

지역 갈등은 없을 수 없다. 앞으로도 그럴 게다. 대신 줄이도록 노력해야 한다. 그 역할은 정치권이 해야 한다. 갈등만 양산하면 안 된다. 이번 총선에서도 다르지 않을 것 같다. 한국의 문제다.

김신영 자리에 남희석

전국 노래자랑. 일요일 낮 12시 뉴스가 끝나면 안방을 달구던 프로그램이다. 남녀노소 가족 모두가 즐겨 본다. 고(故) 송해가 34년간 진행해온 최장수 프로그램이다. 송해가 하차한 뒤 김신영이 MC를 맡았지만 관심을 끌지 못했다. 송해의 벽이 너무 높았다.

김신영도 최선을 다했다. 그러나 역부족이었다. 송해를 흉내 내기도 했다. 김신영다움이 없었다. 전국민을 상대하는 MC여서 여느 방송과 다른 것도 사실이다. 김신영이 이를 살리지 못했다. 시청률이 떨어졌음도 물론이다. KBS가 MC를 남희석으로 바꾼 것도 고육지책이다.

남희석은 잘 할 수 있을까. 김신영보다는 나을 것으로 본다. 송해의 체취가 크다. 남희석도 자기만의 색깔을 내야 한다. 흉내 내기는 오래 못 간다. 국민 MC라는 호칭을 들어야 한다. 남희석 하기에 달렸다.

▎ 비비의 밤양갱을 들어보니

나도 아이돌 노래를 가끔 듣는다. 어떤 노래가 유행하는지 알고 싶어서다. 글을 쓰는 만큼 유행도 쫓아가야 한다. 그러나 가사가 귀에 잘 안 들어온다. 우리말인지, 영어 가사인지 헷갈릴 정도다. 실제로 영어 가사가 많다. 곡도 빠르다 보니 듣기 힘들다.

최근 가수 비비의 밤양갱 노래를 들었다. 나 같은 사람도 가사가 귀에 쏙 들어왔다. 가사도 짧고, 재미있다. 그 흔한 영어 가사가 한 줄도 없다. 이 노래가 모든 음원 차트를 석권했단다. 음원 최강자 아이유의 신곡도 눌렀다고 하니 그 인기를 가늠할 만하다.

이처럼 노래는 쉬워야 한다. 비비 특유의 발랄함도 묻어 있다. 나는 비비란 가수를 처음 보았다. 노래와 연기를 겸하고 있었다. 아이유처럼. 당분간 비비의 인기가 계속될 듯하다. 작곡자는 장기하. 숨은 보석이 따로 없다.

부모님을 자주 찾아뵈어라

출퇴근하면서 기사와 이런저런 얘기를 나눈다. 기사는 늦게 결혼했다. 73년생인데 외아들이 올해 초등학교에 들어간다. 오늘이 입학식이라고 했다. 그래서 바로 집으로 가 입학식에 참석하라고 했다. 꼬마에게 엄마 아빠는 최고다.

기사는 중앙대 출신이다. 사실 일이 잘 안 풀려 지금 일을 하고 있다고 본다. 이 친구 심성이 참 곱다. 무엇보다 부모에게 효도한다. 매주 아들을 데리고 부모님 집을 찾는다고 했다. 최고의 효도라고 할 수 있다. 부모님은 아들 부부도 좋지만 손주를 더 기다린다. 그게 가족이기도 하다.

부모에게 효도는 따로 없다. 자주 찾아뵙고, 연락드리면 된다. 부모는 더 이상 바라지도 않는다. 그런데 그것을 잘 못 한다. 부모님을 모시고 된장찌개든 냉면이든 먹어라. 비싼 것을 먹지 않아도 된다. 부모는 자식들 얼굴만 보아도 배가 부르다. 효도의 비결은 간단하다.

대세는 유튜브

유튜브의 기세가 무섭다. 국내 토종 앱은 유튜브의 기세에 눌리고 있다. 카톡마저도 유튜브에 1위 자리를 빼앗겼다. 그것은 유튜브가 재미있어서다. 이용자, 즉 고객은 재미 따라 선택한다. 고객의 눈높이에 맞추어야 할 이유이기도 하다.

모바일 빅데이터 플랫폼 '모바일인덱스'에 따르면 지난해 12월 유튜브 MAU(월간활성이용자수)는 4564만5347명(안드로이드, iOS 합산)을 기록하며 카카오톡(4554만367명)을 약 10만명 차로 따돌리고 국내 앱 이용자 수 1위를 차지했다. 올해 1월 MAU도 유튜브가 4547만3733명을 기록하며 선두를 지켰다. 카카오톡(4524만9744명)과의 격차는 22만명까지 벌어졌다.

유튜브가 우리의 일상도 바꿔 놓았다. 책도 안 보고, TV도 덜 본다. 유튜브는 가장 쉽게 접근할 수 있다. 손안에 휴대폰만 있으면 되기 때문이다. 네이버도, 카카오도 이에 대비해야 한다. 당할 수만 없지 않겠는가.

신 여사, 오래 삽시다

무병장수. 모든 이의 바람일 터. 아프지 않고 오래 살 수 있다면 뭘 더 바라겠는가. 그러나 그럴 수 없는 게 우리 인간의 운명이다. 나이 들면 아프기 마련이다. 물론 안 아픈 사람도 있다. 복 받은 사람들이다. 아픈 것도 받아들여야 한다.

아내가 아프다. 잘 넘어져 크고 작은 부상을 당한다. 그렇게 조심해도 순식간에 넘어진다. 최근에도 넘어져 옆구리를 다쳤다. 찰과상을 입은 게 그나마 다행이었다. 이런 아내를 보면 가슴이 아프다. 내가 대신 아파 줄 수도 없다. 위로도 안 된다.

대신 오래 살자고 얘기한다. 둘 중 누가 먼저 죽을지는 모른다. 한날한시에 죽었으면 하는 바람이다. 오늘 아침에는 이 같은 말도 했다. 둘 다 많이 아프면 스위스에 가자고. 안락사가 허용된 나라다. 아내를 먼저 보낼 수는 없다.

대학 동기

내일은 대학 동기 둘과 점심을 하기로 했다. 둘이 여의도로 온다. 둘 다 사회학과. 나는 철학과. 당시 철학과는 지원자가 거의 없어 사회학과, 사학과 친구들과 주로 어울렸다. 두 친구는 삼수를 했다. 나는 재수. 지금까지 연락이 닿고 있는 유일한 친구라고 할 수 있다.

나의 대학 시절은 무미건조 했다. 그냥 놀았다. 전공이나 학업에는 전혀 뜻이 없었다. 목표도 세우지 않았다. 나는 경험론자. 경험이나 많이 하자고 했다. 공부는 담을 쌓고 놀기만 했다. 그렇다고 신나게 논 것도 아니다. 세월만 보냈다. 그러다가 카투사 시험에 합격해 군 복무를 마쳤다.

조금 정신을 차린 것은 군에 다녀와서다. 걱정도 됐다. 어느 기업도 철학과 출신을 환영하지 않았다. 그래서 언론사 시험을 준비할 수밖에 없었다. 다행히 합격했고, 기자 생활을 30년 할 수 있었다. 아내의 도움이 절대적이었다는 점은 얘기한 바 있다. 그런 과정을 다 아는 친구들이다.

배보다 배꼽이 더 커서야

요즘 10만원만 줘도 괜찮은 시계를 살 수 있다. 더 싸고 가성비 높은 시계도 있다. 반면 고급시계는 수천만원~수억원을 훗가하기도 한다. 브랜드 값이 아닌가 한다. 좋아 보아야 얼마나 좋겠는가. 그런데 가격은 천차만별이다.

88년 무렵부터 차기 시작한 롤렉스 시계가 일찍 멈춰서 수리를 맡길 생각이었다. 아들 인재가 시계를 갖고 롤렉스 서비스센터에 갔다. 수리점은 처음 갔다. 그런데 웬걸. 수리비가 100만원부터 시작된다고 했다. 아무리 고급시계라고 해도 지나치게 비쌌다.

그래서 작동은 되니 그대로 갖고 오라고 했다. 100만원이면 좋은 시계를 살 수도 있다. 배보다 배꼽이 더 큰 셈이다. 서비스센터에서 시계를 잘 관리했다고 하더란다. 지금까지 고장 난 적은 없다. 대충 차다가 아들에게 물려주려고 한다. 명품이라고 하니.

처제의 5박6일 체류

처제가 일본 후쿠오카로 돌아갔다. 아내에게 하나 남은 피붙이다. 언니가 아파 보러 온 것. 아내와 처제는 여섯 살 차이다. 아내는 64년생, 처제는 70년생이다. 처제는 지난 26일(월) 들어왔다. 오늘 돌아갔으니 5박6일 간 머문 셈이다.

아내의 동생 챙기기는 끔찍하다. 자신의 몸이 불편해도 동생을 위해서라면 몸을 사리지 않는다. 이것저것 챙겨 일본에 자주 보내준다. 그리고 날마다 문자, 통화를 한다. 바로 이웃에 사는 것 같다. 후쿠오카는 서울서 가깝다. 비행기로 1시간이면 간단다. 따라서 당일치기도 가능하다.

처제가 오면 아내가 무척 좋아한다. 둘이 밤늦도록 얘기를 한다. 아들 인재는 이모를 위해 사흘간 휴가를 냈다. 오늘도 이모를 인천공항에 데려다주었다. 올가을에는 아내와 함께 후쿠오카를 가볼 생각이다. 아내의 건강이 뒷받침된다면.

기자 오풍연, 작가 오풍연

요즘 내 직함은 이사다. 그동안 호칭이 많았다. 기자, (기자단)간사, (노조)위원장, 교수, 고문 등 여러 직함을 경험했다. 기자 오풍연으로 가장 많이 불린다. 하긴 30년간 기자 생활을 했다. 기자 오풍연은 제법 알려져 있다. 언론계에서는 나를 많이 안다.

그러나 작가 오풍연은 여전히 생소하다. 지금까지 14권의 책을 냈음에도 그렇다. 이른바 베스트셀러를 펴내지 못한 것과 무관치 않다. 솔직히 작가로 불리고 싶은 마음도 있다. 이번 15번째 책은 제목에도 내 이름을 넣었다. '오풍연의 행복론'이 그것이다.

오풍연으로 승부를 걸어보겠다는 뜻이다. 작가 오풍연에 대한 독자들의 평가를 기다린다. 많은 사람들로부터 사랑을 받고 싶다. 모든 작가의 로망이기도 하다. 하지만 그 확률은 지극히 낮다. 책을 읽지 않는 세상이기에.

쌀보다 고기

우리의 주식은 쌀이다. 예로부터 밥을 먹고 살았다. 쌀밥은 최고. 굶주리던 시절 쌀밥은 로망이었다. 쌀이 귀하던 때다. 그런데 쌀이 남아돈다. 밥을 적게 먹어서다. 1인당 연간 소비량이 60kg에도 미치지 못한다. 반면 고기는 60kg을 넘어섰다.

지난해 국민 1인당 육류 소비량 추정치는 전년(59.8kg) 대비 1.3% 증가한 60.6kg을 나타내며 56.4kg에 그친 쌀 소비량을 넘어섰다. 2000년 31.9kg이었던 1인당 육류 소비량은 2015년 46.8kg을 기록하며 40kg을 넘어선 데 이어, 2018년엔 53.9kg로 50kg 벽을 돌파했다. 2022년엔 쌀 소비량(56.7kg)을 넘어선 데 이어 지난해에는 60kg도 처음으로 웃돈 것이다.

반면 2000년 1인당 93.6kg에 달했던 쌀 소비량은 2001년 88.9kg, 2006년 78.8kg, 2012년 69.8kg, 2019년 59.2kg으로 급감하고 있다. 당장 나부터 밥을 덜 먹고 있다. 빵이나 면류를 자주 먹는다. 주식도 이처럼 세월 따라 변한다.

최고의 출간기념회

꿈 사랑 풍요. 오성호 회장님의 자전적 에세이집 제목이다. 오늘 강남 인터콘티넨탈호텔에서 출간기념회가 있었다. 나도 초대받아 참석했다. 아내도 함께 참석하려고 했으나 몸이 불편해 나만 갔다. 여태껏 참석한 기념회 중 최고였다.

세 아들 부부와 여섯 손주들이 마련한 것. 할아버지의 일생을 돌아보는 계기도 됐다. 참석 인원은 30명 안팎. 직계 가족들과 회장님의 지인 10여명이 함께 했다. 사전에 1시간가량 행사를 했다. 사회는 둘째 며느리가 보고, 가족들이 작은 공연을 했다. 엄숙하면서도 짜임새가 있었다.

축사는 3명이 했다. 나도 포함돼 회장님과 인연 등을 소개했다. 32년 전 기자와 취재원으로 만나 가족처럼 지내고 있다고 설명했다. 나머지 두 분은 80~90대다. 하나같이 잘 살아오셨다고 했다. 나는 100살까지 사셔야 한다고 말씀드렸다. 회장님은 83살이다. 건강을 빈다.

세상 뜻대로 안 돼

세상에 쉬운 일은 없다. 자기 뜻대로 안 된다. 나도 그러한 과정을 거쳤다. 하지만 포기는 더더욱 안 된다. 결국 자기와의 싸움에서 이겨야 한다. 지는 순간 인생이 끝난다. 포기하지 않으면 기회가 온다. 죽으라는 법은 없기 때문이다.

이번 총선에 출마한 사람들을 본다. 아는 사람 가운데 잘 된 사람보다 잘 안된 사람이 더 많다. 나 정도면 최소한 경선에 나가겠지 했다가 턱걸이도 못 했으니 얼마나 가슴이 아프겠는가. 이런 경우 자신만 모르는 일이 많다. 남들은 대부분 어렵다고 하는데 본인은 전쟁에 뛰어든다.

한 우물을 파는 것도 좋지만 눈을 다른 데로 돌릴 필요도 있다. 꼭 이것이어야 한다는 생각도 버려야 한다. 길은 있다. 도전정신이 있어야 한다. 이것저것 하다 보면 이 길이구나 하게 될 때도 있다. 삶은 다양하다.

쿠팡 천하

적어도 한국에서는 쿠팡을 이길 자가 없을 듯하다. 쿠팡이 유통업계의 최강자로 올라섰다. 신세계 롯데 현대를 멀찌감치 따돌렸다. 누구도 오늘의 순간이 오리라곤 예상 못했다. 아마 쿠팡 설립자 김범석만 속으로 웃었을 게다. 그 결과가 나타나고 있다.

쿠팡은 2010년 8월 창립 후 첫 연간 흑자를 거뒀다. 지난해 평균 원·달러 환율 1305원41전 기준으로 매출은 31조8298억원, 영업이익은 6174억원의 역대 최대 실적을 올렸다. 미국 뉴욕증권거래소(NYSE) 상장사인 쿠팡은 지난해 영업이익이 4억7300만달러(약 6174억원)로 첫 영업흑자를 냈다고 미국 증권거래위원회(SEC)에 제출한 4분기 실적 보고서를 통해 밝혔다.

쿠팡의 성공 비결은 물류 창고 확보에 있다고 하겠다. 지금까지 계속 투자를 해왔다. 누가 이 같은 성공을 거둘 줄 알았겠는가. 이제 쿠팡 없인 생활이 불편할 정도다. 쇼핑은 쿠팡 시대가 다가왔고, 더 발전할 것으로 본다. 시대의 흐름을 읽어야 한다.

장편(掌篇) 에세이

'오풍연의 행복론'이 곧 나온다. 나의 15번째 책이다. 전업 작가도 아닌데 나름 많이 펴낸 편이다. 기자 출신이기 때문에 취재와 관련된 얘기 아닐까 생각하는 사람들이 많다. 그렇지 않다. 이번 책을 포함 13권이 순수 에세이집이다. '윤석열의 운명' 등 나머지 2권은 정치 비평서다.

나는 장편(掌篇) 에세이라는 새 장르를 표방한다. 내가 만든 것. 아주 짧은 글을 의미한다. 손바닥만한 글이라는 뜻이다. 원고지 500자 안팎의 글이다. 거기에 모든 것을 담는다. 희노애락이 다 들어 있다. 이른바 오풍연식 글쓰기다.

도서출판 혜민도 운영하고 있는 지용진 광교신문 대표가 보도자료를 보내왔다. 잘 만들었다. 책을 공들여 만들었기 때문이다. 혜민의 첫 책이기도 하다. 그런 만큼 출판사도 기대를 하고 있다. 나는 이렇게 말한다. "이제 우리의 손은 떠났다. 독자들의 판단만 남았다"고.

나훈아 은퇴

나훈아가 은퇴한다는 소식이다. 물론 그냥 마이크를 내려놓겠다는 것이 아니다. 마지막으로 전국 콘서트를 하겠다는 것. 은퇴 시점은 올해로 예상된다. 나훈아는 오늘 소속사를 통해 "박수칠 때 떠나라는 쉽고 간단한 말의 진리를 따르고자 한다"고 밝히며 마지막 콘서트 일정을 공개했다.

나훈아는 데뷔 58년 차 가수다. 지금까지 가황(歌皇)으로 불렸다. 트롯의 황제는 맞다. 그만의 독특한 창법으로 인기 정상에 있었다. 같은 노래라도 나훈가 부르면 다른 맛이 난다. 그가 콘서트를 하면 표가 매진된다. 그만큼 인기를 누렸다는 뜻이다.

나훈아의 건강 상태 등을 볼 때 더 노래를 부를 수 있다. 그러나 정상에 있을 때 내려오겠다는 의지가 강한 것 같다. 쉬운 결정은 아니라고 본다. 멋지다. 정치인들도 그랬으면 좋겠다. 박수칠 때 떠나라고.

부영그룹 이중근 회장

요즘 화제의 그룹 회장이 있다. 부영그룹 이중근 회장. 1941년생이니까 83살이다. 회사 직원 자식 한 명당 1억원씩 주었다. 2명이면 2억. 모든 직장인의 부러움을 살 만하다. 이중근다운 나눔이다. 이 회장의 나눔은 이뿐만 아니다.

친척, 동창, 동네 주민에게도 큰돈을 주었다. 이들은 횡재를 한 셈이다. 이를 두고 쇼라고 폄하하는 사람들도 있다. 그러나 나는 이 회장의 나눔을 높이 평가한다. 쉬운 일이 아니기 때문이다. 남에게 돈을 주는 것은 정말 특별한 일이다. 아무나 할 수 없다.

출산 자녀 1명당 1억원씩 준 것은 기발한 아이디어다. 최고의 출산 장려 정책이 아닌가 싶다. 찔끔찔끔 주면 효과가 없다. 부영그룹처럼 한 번에 주어야 한다. 정부도 이 같은 정책을 검토해야 한다. 돈이 최고다.

좋은 직장 1위 종로, 2위 영등포

광화문이나 여의도 소재 직장에 다니면 성공했다고 할 수 있다. 대기업과 금융기업이 밀집돼 있기 때문이다. 나는 거의 대부분을 두 군데서 직장생활을 했다. 지금도 여의도서 근무하고 있다. 이곳에 있는 직장이 좋다는 것은 통계에서도 드러난다.

통계청 국가통계포털(KOSIS)에 따르면 작년 4월 기준 직장이 서울 종로구에 있는 임금 근로자 30만2000명의 최근 3개월간 급여는 월평균 426만원이었다. 이는 전국 시군구 229곳 가운데 가장 높다. 이어 서울 영등포구(415만원), 서울 중구(404만원), 서울 서초구(392만원), 서울 강남구(390만원) 등의 순으로 높았다.

영등포는 여의도를 끼고 있기 때문이다. 강남 3구도 종로 영등포 중구에 못 미친다. 그러다 보니 광화문과 여의도의 밥값이 가장 비싸다. 근로자 소득과 무관치 않다고 할 수 있다. 소득 있는 곳에 좋은 식당이 들어서기 마련이다. 그것 역시 경제원리다.

자기 밥이나 열심히 사

아내가 소뇌위축증으로 고생하고 있다. 진단을 받은 지 벌써 5년째다. 그동안 많이 나빠졌다. 예전에는 혼자 백화점도 가고 했는데, 지금은 부축받지 않고는 못 나간다. 어제도 여의도서 고등학교 친구 둘을 만났다고 했다. 아주 친한 친구들이다.

집안일을 돌봐주는 아내 후배가 나갈 때도 함께 움직인다. 마침 차가 있어 아내도 그 차량을 이용한다. 누군가 집에 와서 아내를 데리고 나가야 한다. 나는 아내에게 말한다. "자기가 밥을 열심히 사라"고. 아내의 형편이 그 정도는 된다. 그래야 아내도 외출할 수 있다.

밥 살 형편이 되면서도 사지 않으면 욕먹는다. 내가 항상 신경 쓰는 대목이다. 오늘은 임원 점심이 있다. 다음 주는 내내 직원들과 점심 약속을 잡았다. 나도 밥을 열심히 사려고 노력한다. 그만한 형편이 주어진 것도 복이다.

내 다음 꿈은 작은 도서관장

나는 70까지 현역으로 뛰고 싶다는 말을 여러 차례 했다. 그게 가능할지는 나도 모른다. 나에게 일할 기회가 주어져야 하기 때문이다. 어쨌든 2026년 7월까지는 현역으로 근무한다. 공제회 상임이사의 임기가 끝나는 때다. 우리 나이로 67살.

우선 3년 정도 더 일을 했으면 한다. 어떤 일이라도 좋다. 얼마 전 만난 선배가 이런 말을 했다. "다음에는 선출직을 도전해 보라"고. 선출직은 국회의원이나 지방 선거. 다음 국회의원은 2028년 선거다. 그때 내 나이는 69살. 현실적으로 불가능한 일이다. 지방 선거는 2026년. 공제회에 있어 그것 역시 가능하지 않다.

선배에게도 늘 하던 말을 했다. "할 수만 있다면 구립 도서관장 정도 했으면 좋겠다"고. 내가 책을 좋아하고, 글쓰기도 좋아하니까 그런 자리라면 적당할 듯싶다. 별정직이라면 가능할지도 모르겠다.

정직 성실 겸손 도전 실천

사람마다 좌우명이 있을 게다. 나의 좌우명은 정직. 학교 다닐 때도, 기자 생활을 할 때도, 그 이후 직장 생활을 할 때도 정직을 모토로 삼았다. 그럼 당당할 수 있다. 거짓이 없는데 부끄러울 리도 없다. 정직은 오늘의 나를 있게 해준 은인이기도 하다.

성실도 중요하다. 매사 성실해야 한다. 그런 태도라면 중간 이상의 평가를 받는다. 성실한 사람은 부지런하다. 겸손 역시 빼놓을 수 없다. 요즘 이강인 사태에서도 보듯 사회 생활하는데 기본 요소다. 고개를 숙여 나쁠 것은 없다. 그럴수록 더 존경받는다.

내 인생에서 중요한 덕목으로 삼는 게 도전과 실천이다. 둘은 수레바퀴와 같다. 실천 없는 도전은 아무런 의미가 없다. 도전을 할 경우 반드시 앞으로 나가야 한다. 후진을 하면 안 된다는 뜻이다. 이 다섯 가지가 내 인생의 좌표라고 할 수 있다.

나 정도면 했다가

자기 자신을 가장 잘 알 것 같으면서도 모르는 게 인간이다. 반면 남은 보인다. 저 사람 안 될 것 같다고. 선거가 대표적이다. 모두 안 된다고 하는데 뛰어든다. 나 정도면 하면서. 이번 총선에도 지인들이 여럿 출마했다. 안 된 사람이 훨씬 많다.

내가 보기에도 어렵겠다는 사람들은 모두 떨어졌다. 사람 보는 눈은 비슷하다. 자기만 못 본다. 왜 무모한 도전을 했을까. 자신을 과신한 까닭이다. 나 정도면 했다가 큰 코를 다쳤다고 할 수 있다. 한 번 실패하면 회복하기 어려울 수도 있다.

자기 자신을 냉정하게 보아야 한다. 내 눈의 잣대가 아닌 남 눈의 잣대로 볼 필요가 있다. 그래야 옳은 판단을 할 수 있다. 자기를 가장 낮은 위치에 올려놓고 보아야 한다. 과대평가하는 우를 범하지 말아야 한다.

4000번째 칼럼을 쓰며

먼 길을 달려왔다. 쉼 없이 글을 썼다. 2018년 5월 16일부터 글을 쓰기 시작했다. 나의 전부라고 할 수 있다. 일상을 있는 그대로 소개했기 때문이다. 누구의 간섭도 없었다. 내가 하고 싶은 말을 다 했다. 65살을 맞는 설날 4000번째 글을 쓰니 감개무량하다.

말이 그렇지 4000개는 많다. 보통 사람은 엄두조차 못 낼지 모른다. 하지만 나에게는 일상이었다. 정말 즐거운 마음으로 글을 썼다. 즐기지 않았더라면 불가능했을 터. 스트레스도 받지 않았다. 부담을 느끼면 이처럼 글을 쓸 수 없다. 앞으로도 마찬가지다.

나도 언제까지 글을 쓸 수 있을지 모른다. 손가락으로 자판을 두드릴 수 있을 때까지 쓰려고 한다. 물론 정신도 온전해야 한다. 그러려면 건강이 필수다. 6년 전 다짐을 한 바 있다. "(밴드)회원 한 명만 있어도 끝까지 글을 쓰겠다"고. 그 같은 약속은 여전히 유효하다.

초심

인간의 마음은 갈대와 같다고 했다. 이리저리 흔들릴 수 있다는 얘기일 터. 사실 그렇다. 사람도 흔들리기 쉽다. 달콤한 유혹에는 빠져들기 십상이다. 브로커들이 설치는 이유이기도 하다. 유혹에 빠져드는 순간 나락으로 떨어진다. 달콤함은 순간이다.

사람은 처음부터 끝이 똑같아야 한다. 초심이라는 말도 이럴 때 쓴다. 초심을 잃지 말아야 한다고 강조한다. 맞는 말이다. 처음 가졌던 생각을 그대로 갖고 가면 된다. 그러나 그것을 잊어버리기 쉽다. 현재 상황이 좋아졌다고 지난날을 잊게 된다.

나도 초심을 잃지 않으려고 노력한다. 그것은 지인들이 알 수 있다. "풍연이가 변했다"는 소리를 듣지 말아야 한다. "어쩜 그렇게 똑같으냐"는 말을 들으면 좋다. 초심을 잃지 않았다는 뜻이다. 초심. 날마다 명심하자.